Jörg Hartmann

Husum in Nordfriesland

Stadtführer
Heimat- und Lesebuch

Husum

Umschlag Vorderseite: Wasserreihe, Privatfoto

Bibliografische Information der Deutschen Nationalbibliothek

Die Deutsche Nationalbibliothek verzeichnet diese Publikation in der Deutschen Nationalbibliografie; detaillierte bibliografische Daten sind im Internet über http://dnb.dnb.de abrufbar.

Gesamtherstellung: Husum Druck- und Verlagsgesellschaft
Postfach 1480, D-25804 Husum – www.verlagsgruppe.de
ISBN: 978-3-96717-092-4

Inhaltsverzeichnis: Husum in Nordfriesland – Ein Stadtführer, Heimat- und Lesebuch

Einführung: Husum in Nordfriesland

Husum in Nordfriesland – das ist Nordseelandschaft, uralte Nachbarschaft zu Dänemark, zu dem die Friesen im Herzogtum Schleswig 900 Jahre lang bis 1864 gehörten. Eine einzigartige Insel- und Halligwelt, reizvolle Gegensätze von Sandstränden und Dünen an den Außenküsten, dahinter fette Marschweiden und fruchtbares Ackerland. Überall weithin sichtbare friesische Backstein- und Feldsteinkirchen in den Dörfern, imposante Bauernhöfe in den Marschen, auf den sanft ansteigenden Geesthügeln, den Moränen vergangener Eiszeiten. Aushängeschild vor unserer Haustür sind die Nordfriesischen Inseln, von denen der Nationalpark Wattenmeer umarmt wird als UNESCO-Weltnaturerbe. Die einmaligen Landschaften eröffnen uns neue Horizonte im Zusammenspiel von Nordsee, glühenden Sonnenuntergängen, dem Flimmern des Sonnenlichts auf Wattflächen, in denen das Leben wimmelt – und inspirierende Architektur, Malerei und Musik. Wer kennt nicht Emil Nolde, den größten friesischen Expressionisten, mit seinen flammenden Wolken- und Blumenbildern, oder Theodor Storm mit seinen Naturgedichten über die Küste, die Heide – „Meeresstrand", „Abseits", „Über die Heide" – oder Novellen wie „Immensee", „Aquis submersus", „Der Schimmelreiter"? Der Mensch kommt sich hier zuweilen ganz klein inmitten der Elemente vor. Es gibt die alten Städte Husum, Bredstedt, Tönning, Niebüll – und die jetzt dänische Stadt Tondern, alle mit schönen Beispielen von norddeutscher Backstein- und niederländischer Architektur, die uns erinnern an blühenden Handel, große Zeiten nordfriesischer Kapitäne auf Handelsschiffen und Walfängern. Im Mittelalter hieß die Nordsee „Friesisches Meer". Fürchterliche Sturmfluten, „Grote Mandränken", haben immer wieder Nordfriesland angegriffen, Abertausenden Menschen den Tod gebracht – und ganze Handelsorte wie das sagenumwobene Rungholt in den Fluten verschwinden lassen. Heute sind die Reste der alten „Friesischen

Uthlande", nämlich die Inseln Sylt, Föhr, Amrum, Pellworm und die Halligen, wahre Tourismus-Leuchttürme inmitten des Wattenmeeres und wirken als Wellenbrecher gegen die manchmal böse Nordsee. Vielleicht deshalb galt früher: „Frisia non cantat" – „Friesland singt nicht" –, aber das stimmt schon lange nicht mehr. Wir lieben Musik, Theater, Kunst, Poesie, unsere Traditionen und schon immer Handel und Wandel.

„Gott schuf das Meer, der Friese die Küste", heißt ein altes Sprichwort, aber „Nordsee ist Mordsee", heißt es immer noch sehr respektvoll. Auf Dänisch heißt „Vesterhavet", auch früher an unserer Westküste und in Dithmarschen „Westsee" oder „Haff", siehe im Gedicht „Meeresstrand" von Theodor Storm („Ans Haff nun fliegt die Möwe ...") und bei Klaus Groth („Ol Büsen liggt int wille Haff ...").

Heute leben wir hier in Nordfriesland, gerne „Vier-Sprachen-Land" genannt (Friesisch, Dänisch, Hochdeutsch, Niederdeutsch/Plattdeutsch), neben unserem wohlhabenden, alten Nachbarn Dänemark, dem ältesten Königreich Europas. Wir haben eine ertragreiche Landwirtschaft, eine überlieferte friesische, nordische Kultur, florierende Gewerbe, Windenergie und Tourismus. Tönning, unser dänischer Nachbar Tondern, Husum, die alten Handelsplätze der Nordfriesen, unsere nordfriesischen Inseln und Halligen, der Europäische Nationalpark Wattenmeer, „UNESCO-Weltnaturerbe" wie der Grand-Canyon-Nationalpark oder das Great Barrier Reef – wir zeigen alles gerne unseren Gästen aus aller Welt.

Über dieses Buch

Dies Buch ist ein Lese- und Heimatbuch, ein Stadtführer über Husum heute und seine Geschichte. Man findet in 33 Kapiteln einen Überblick über Husum, die Region drumherum und deren Entwicklung im Laufe der Jahrhunderte. Dazu gehören viele Fotos und Landkarten. In einem ausführlichen Anhang findet man außer

einer Literaturliste ein Glossar über Husum – „Who is who" und „Was ist was" einschlägiger Namen und Begriffe sowie eine Übersicht über Museen und Galerien, die man in Husum und in der näheren Umgebung besuchen kann.
Der Verfasser Jörg Hartmann aus Husum ist heute Stadtführer, Museumsführer, Mitarbeiter des Theodor-Storm-Hauses und Museumsverbundes Nordfriesland, zu dem das Schloss vor Husum, Nissenhaus und Ostenfelder Bauernhaus gehören. Er ist auch Dozent der VHS Husum für Regionalgeschichte, Literatur und Niederdeutsch. Er ist in Friedrichstadt geboren, aufgewachsen in Fresendelf bei Schwabstedt, zur Schule gegangen in Fresendelf und Husum, hat Pädagogik studiert auf Lehramt, Erziehungswissenschaften und Volkskunde in Kiel mit Abschluss Diplom-Pädagoge und war rund 40 Jahre Lehrer für Deutsch, Geschichte, Geographie, Schultheater, davon zwanzig Jahre auch Studienleiter für die Lehrerausbildung. Lehrer war er auf Pellworm, Nordstrand und in Bredstedt, und überall hat er sich um die Geschichte als sein Steckenpferd gekümmert.
Dies Buch richtet sich an geschichtlich und kulturell Interessierte, man kann es lesen, verschenken, kaufen, dann ist Jörg Hartmanns Arbeit nicht umsonst gewesen. Wenn man ihn etwas fragen will: Er weiß gewiss nicht alles, hat sich aber sechzig Jahre lang damit befasst und darüber auch schon geschrieben.
Anmerkung: Die maskulinen Formen im Buch schließen die femininen Formen mit ein, z. B. Husumer heißt dann auch Husumerinnen – ohne Gendersternchen.

Was ist Nordfriesland und woher kommen die Nordfriesen?

Nordfrieslands Geschichte ist geprägt von vielen Sturmfluten, deren schlimmsten die „Groten Mandränken" waren, die „Großen Menschenertrinken", bezeugt ab dem Mittelalter 839, 1164, 1362 und 1634. Sie haben die Uthlande vor dem nordfriesischen Festland

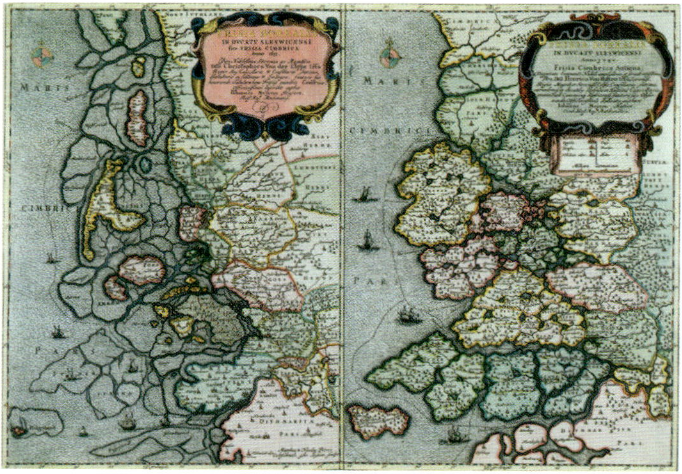

1 *Nordfriesland: rechts um 1240 mit Rungholt, links nach 1634*

geformt und die Insel- und Halligwelt geschaffen (Abb. 1). Die Menschen begannen vor rund 1000 Jahren mit Deichbau und Küstenschutz: „Gott schuf das Meer – der Friese die Küste". Die Friesische Sprache wurde aus dem südlichen Nordfriesland von Niederdeutsch und Hochdeutsch verdrängt, blieb auf den Inseln Sylt, Föhr, Amrum, einigen Halligen und nördlich von Bredstedt. Nie hatten wir ein vereinigtes Friesland, eine gemeinsame Sprache. Erst ab 1925 gab es einen „Friesenrat" von West-, Ost- und Nordfriesland. Der erste „Friesenkongress" war 1925, der „5. Allfriesenkongress 1952" wurde zusammen mit der 50-Jahr-Feier des Nordfriesischen Vereins 1952 in Husum-Rödemis gefeiert, hier bei uns. Die drei Frieslande kamen so erstmals 1952 in Husum wieder zusammen, nur sieben Jahre nach dem Elend des Nationalsozialismus und des Weltkrieges. Seit 1965 haben wir das „Nordfriisk Instituut" in Bredstedt; seit 1999 den „Interfriesischen Rat" der drei Frieslande. Friesisch und

Niederdeutsch wurden 1998 in die UN-Sprachencharta für bedrohte Sprachen aufgenommen. 2006 kam eine deutsche Briefmarke „Friesenrat 2006" heraus und setzte damit auch ein Zeichen.
Von etwa 450 bis 750 (Abb. 2) siedelten Friesen an der Nordsee von der Schelde in Flandern bis zur Jade und Weser. Hauptstädte waren Dorestad und Utrecht. Die Nordsee hieß um 1200 „Mare Frisonicum", so der dänische Geschichtsschreiber Saxo Grammaticus, er starb 1204. Die Friesen, Nachbarn der Franken, führten unter ihrem König Radbod (679–719) und seinen Nachfolgern Kriege während der christlichen Missionierung mit den Frankenkönigen Pippin und Karl Martell – über Radbods Tod 719 hinaus. 754 wurde Missionar Bonifatius, der die heilige Donareiche fällte, von Ostfriesen erschlagen. Kaiser Karl der Große, 771–814, christianisierte gewaltsam die Friesen, unterjochte sie aber nicht, sondern gewann sie als Bundesgenossen. Langhans (1875) und Brandt/Klüver (1966) schreiben über den Ursprung der Friesen und deren Kämpfe mit Dänen, Wikingern und Franken des 8. bis 10. Jahrhunderts. Horik und Rörich, Herzöge und Konkurrenten, waren nach der Teilung des Frankenreiches 843 dänisch-normannische Herzöge im Reich der Franken-Könige Lothar und Ludwig. Horik I., König in Dänemark, herrschte auch über Teile Frieslands. Rörich war Enkel des Dänenkönigs Göttrik, der den Kograben des „Danevirke" (Abb. 5) anlegte und 810 als Feind Kaiser Karls starb. Karl schloss 811 Frieden mit Göttriks Nachfolger, König Hemming – die Eider wurde zur Grenze. Rörich herrschte über Dorestad und erhielt 857 von Kaiser Lothar „die Erlaubnis, das Land zwischen Eider und dem Meere in Besitz zu nehmen", also Eiderstedt am Wikinger-Friesen-Wasserweg (Langhans 1879, S. 36 f.). Rörich, „kein eigentlicher Däne, sondern einheimischem Geschlechte Schleswigs entsprossen", huldigte 873 König Ludwig und starb 882.
Friesisch, früher die Hauptsprache an der Nordsee, sprechen heute nur noch ein paar Tausend Menschen nördlich von Husum und teils

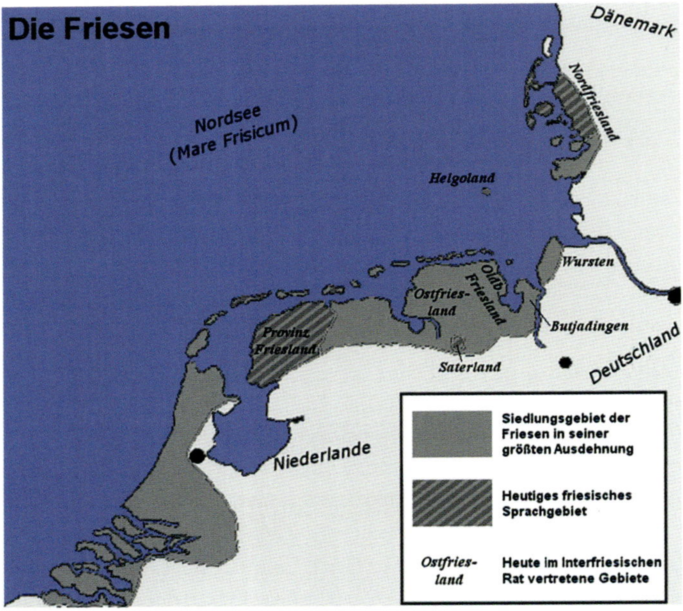

2 *Woher kamen die Nordfriesen?*

auf den Inseln (Abb. 2). Es gibt elf Dialekte auf den Halligen, den Geest-Inseln und auf dem Festland um Risum-Lindholm. Da fragst du dich doch, warum das so ist. Zuerst wegen der vielen Sturmfluten, die viele Friesen vertrieben haben. Plattdeutsch und Hochdeutsch haben das Friesische immer mehr verdrängt. Die Friesen hatten keine Schriftsprache. Es gab schon früh eine Auswanderung nach Amerika – vermehrt ab der Napoleonzeit, als der Walfang von der Nordsee auf die amerikanische Nordostküste verlegt wurde, mehr noch nach 1815 und 1848 in politisch unruhigen Zeiten, ebenso nach 1864, als viele Tausend junge Leute aus dem preußisch gewordenen Herzogtum Schleswig nach Amerika auswanderten.

Der Westfriese Peter Stuyvesant wurde 1646 erster niederländischer Generaldirektor der Kolonie Neu Amsterdam, die 1664 an England fiel und seitdem New York hieß. Als erster Nordfriese in Amerika gilt 1625 Jens Petersen aus Bredstedt. Nun zurück zu den ersten Friesen, die schon im 7./8. Jahrhundert von West- und Ostfriesland nach Norden ausgewandert sind, denn sie wollten nicht unter der Frankenherrschaft leben oder keine Christen werden.

3 *Friesische Harden und Dialekte*

Friesen siedelten auf Helgoland, damals ein Vielhundertfaches größer, und nördlich der Eidermündung (Abb. 2). Angelsachsen von hier waren schon in der Völkerwanderung über die Nordsee nach Britannia gezogen. Die oben erwähnten dänisch-normannischen Herzöge Horik und Rörich sind historisch von Langhans

1879 belegt. Rörich, Lehensherzog z. B. in Dorestad und Rüstringen, herrschte seit 857 mit Erlaubnis König Lothars über unsere Eider-Treene-Region. Friesen haben von der Nordsee her zuerst die großen Geestinseln Röm und Sylt besiedelt, südlich die Küsten von Wiedau und Tondern bis an die Eider, teils bis Büsum. Sie hatten schon unter Herzog Rörich mit Dänen und Wikingern als Handelsleute und Seefahrer zu tun, die mit den Friesen, mit Ripen und mit Haithabu Handel trieben. Ab etwa 1100 suchten in mehreren Wellen von Süden andere Friesen eine neue Heimat in der Uthlande und auf dem Festland.

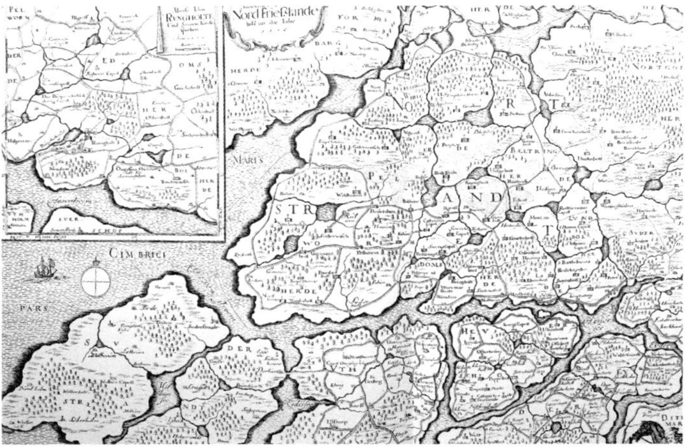

4 *Uthlande 1240, Edomsharde, RunghoLt, und Friesen-Wasserwege*

Nach 1400 sind auch Niedersachsen aus der Gegend zwischen Oldenburg und Elbe nach Norden abgewandert, z. B. nach Ostenfeld in Nordfriesland, die haben ihre niedersächsische Sprache und Haustypen wie das Niedersachsenhaus mitgebracht. Das geschah auch als Folge vieler Sturmfluten, Unwetter, Missernten an der südlichen Nordseeküste. Meist aber sind in mehreren Wellen Menschen aus Frisia major nach Frisia minor eingewandert, in unser kleines Nordfriesland. Sie hatten unterschiedliche friesische Dialekte, darum haben wir heute elf Dialekte (Abb. 3). Die alten Friesen waren an der Nordsee bis um 1200 so angesehen, dass die Nordsee Mare Frisonicum hieß. In den Uthlanden lebten die Friesen nach Friesen-Recht in Harden – ursprünglich große Sippen- und Dorfverbände, auf dem Festland teils nach dänischem Recht, dem Jyske Lov, in Sysseln.

Der Name Nordfriesland steht erstmals 1424 als „Frisia borealis" bei Staffno, dem Bischof von Odense auf der Insel Fünen. Die Pellwormharde, 1362 und 1634 teilweise untergegangen, mit der mächtigen backsteingotischen Pellwormer Kirche, und die Edomsharde mit Rungholt – auch untergegangen – waren in der Zeit von Dänenkönig Waldemar II. im 13. Jahrhundert die beiden Harden, die die meisten Steuern bezahlten (Abb. 4). Husum gab es vor 1362 noch nicht, nur ein paar Häuser, Wester- und Osterhusum, auf der höheren Seite nördlich der Husumer Au. Holland, West- und Ostfriesland wurden schon bis 800 n. Chr. christianisiert, eine Bischofsstadt war z.B. Utrecht. Nordfriesland ist bis um 1050 christlich geworden. Als älteste Kirche Nordfrieslands gilt die Feldsteinkirche wohl von 1065 in Olderup nordöstlich von Mildstedt und Husum am Rand einer hohen Endmoräne, dem so genannten „Wienbarg". Teils behielten die Nordfriesen noch lange Zeit den alten nordischen Glauben, der sich bis heute in Biike/Beeke, Rummelputt oder in alten nordischen Flurnamen hält.

Wohl 852 gründete Missionar Ansgar (801–865), der ab 837 in Skandinavien missionierte, in Kaiser Lothars Auftrag mit Erlaubnis des dänischen Königs Horik I. bei Haithabu die christliche Kapelle und wurde Missionar in Birka in Schweden. Birka, Dorestad und Haithabu waren bedeutende Handelszentren. Von Birka zurück ließ er dann um 860 an der dänischen Westküste die Kirche in Ripen errichten. Ansgars Ernennung schon 834 mit 33 Jahren in Hamburg zum Erzbischof ist historisch umstritten. Aus der Ripener Kirche entstand im Mittelalter der prächtige St.-Marien-Dom. Ansgars Missionierung in Skandinavien litt unter schweren Rückschlägen. Nachfolger des Missionsbischofs Ansgar wurden sein Vertrauter Rimbert und dann Elias aus Flandern. Ripen war Königsstadt, wichtigste Hafen- und Handelsstadt mit engen Banden nach Flandern. Es gibt in Ripen/Ribe viel Tuff- und Sandstein der Niederländischen Renaissance. Nach 1250 verbaute man billigeren Backstein. Die Nordfriesen gehörten zum Bistum Schleswig, die Dithmarscher zum Bistum Bremen. Ribe ist allemal eine Reise nach Norden wert, es ist nur eine kleine Stadt, du kannst Ribe zu Fuß an einem Tag bewundern – den prächtigen Dom, schöne Renaissance- und Backsteinhäuser.

Die Friesen als Deichbauer – Trutz, Blanke Hans!

Rungholt und Mildeborg waren um 1300 wichtige Orte der Nordfriesen. Die Uthlande waren viel größer als heute (Abb. 4), und diese fruchtbaren Uthlande waren im Mittelalter denn auch die größten Steuerzahler für den Dänenkönig, das steht in dem Jordbog des dänischen Königs Waldemar II. von 1231. Die Friesen bauten an der südlichen Nordsee schon vor Christi Geburt ihre Warften als Schutz von Häusern und Menschen, das ist bezeugt von römischen Geschichtsschreibern. Infolge des stetig, zeitweise deutlich ansteigenden Meeresspiegels errichteten sie im 10. Jh. die ersten Deiche, damit Land und Menschen Schutz vor dem „Blanken Hans" hatten („Blanker Hans" bezeichnet zuerst bei den Niederländern die Nordsee und wurde mit Detlev von Liliencrons Ballade „Trutz, Blanke Hans" über den Untergang Rungholts bekannt). Hier oben in Nordfriesland wurden erst ab etwa 1100 Deiche gebaut.

„Gott schuf das Meer, der Friese die Küste", sagt ein hochdeutsches Sprichwort, und im alten Nordstrander Landrecht heißt es: „Wer nich will dieken, mutt wieken!" Es wurde 1572 auf Niederdeutsch aufgeschrieben und galt bis zur Einführung des Bürgerlichen Gesetzbuchs um 1900. Die Deiche waren ein Gemeinschaftswerk der friesischen Marschgesellschaft als Schutz von Pflugland und Vieh. Deiche konnten nur in der sturmfreieren Jahreszeit zwischen März und Oktober gebaut werden, sie beanspruchten zudem Tausende an Arbeitskräften, die bis auf einige Sonntagsstunden schwer körperlich arbeiten mussten. Wenn eine Sturmflut das gute Gras- und Pflugland mit Salzwasser verdarb, war an Landwirtschaft nicht mehr zu denken, das Land war für einige Jahre verdorben, darum die Deiche. Die größten Sturmfluten an der Nordsee heißen „Grote Mandränken", bezeugt seit den Zeiten Karls des Großen. In der Julianenflut 1164 sind nach Aufzeichnungen aus Kirchenbüchern in Westfriesland über 100000 Menschen ertrunken, zudem Menschen an der südostenglischen Küste und weitere im fruchtbaren Marschenland an der südlichen Nordsee in Ost- und Westfriesland, Holland und der englischen Küste. In einer anderen Groten Mandränke, der Rungholtflut 1362, kamen auch Tausende bei uns in Nordfriesland um, der friesische Handelsplatz Rungholt ist untergegangen. In der Groten Mandränke von 1634 versank die reiche Insel Strand bei uns vor der Haustür größtenteils – mit rund 25 Kirchen und Hunderten Häusern, Tausenden Menschen. Das steht in der Nordfriesischen Chronik, 1662 vom Nordstrander Pastor Magister Anton Walter Heimreich aufgeschrieben. Er war von 1652 bis 1685 auf der Hallig Nordstrandischmoor Pastor, gerade mal 20 Jahre nach der Mandränke von 1634. Zwanzig Jahre später wurde Nordstrand mit Hilfe niederländischer Religionsflüchtlinge mit zuletzt sieben Kögen wieder eingedeicht. Diese meist katholischen Familien aus Brabant, Flandern, Friesland und Holland finanzierten

für den Herzog Adolf von Dänemark die Wiedereindeichung. Mit dem Oktroy, d. h. Vertrag, von 1654 wurden sie Anteilseigner – Partizipanten – an den eingedeichten Krögen. Deren Nachfahren leben noch heute auf Nordstrand. Bei der altkatholischen St.-Theresien-Kirche auf Nordstrand steht ein Denkmal für die Flüchtlinge von Brabant, auf dem Kirchhof zeigen viele Grabsteine flämisch-brabantische Namen. Altkatholiken sind eine römisch-katholische Minderheit mit Glaubenskonflikten seit dem 17. Jh. mit der Amtskirche in Rom, die endgültig seit 1871 den Papst nicht mehr als höchste Instanz ansehen, den Zölibat ablehnen und Frauen-Ordination zulassen. Von 1681–1920 gehörte Nordstrand zum Erzbistum Utrecht, seitdem gibt es auch einen Bischof in Bonn. Der Erzbischof wurde 2020 neu gewählt und sitzt in Utrecht.
Grote Mandränken gibt es nicht mehr, heute sind unsere Deiche hoch und fest. Die letzte Sturmflut mit über 300 Toten war 1962 die Hamburgflut. Damals und 1976 wurde die Hälfte all unserer Deiche an der Nordsee so beschädigt, dass sie auf neue Art als Sandkerndeiche wieder aufgebaut werden mussten. Das konnte Schleswig-Holstein nicht allein bezahlen, darum gibt es seit 1962 den „Generalplan Küstenschutz". Bei den Sandkerndeichen wird draußen auf einer Sandbank, in einem vorbereiteten Bett der Deichkern aus Sand aufgespült mit einem Spülbagger, der ein Sand-Wasser-Gemisch über Pipelines zur Deichbaustelle pumpt. Dann läuft das Wasser von allein wieder ab und aus dem Sand wird mit Hilfe von Baggern das feste Deichprofil geschaffen. Darüber wird ein Vlies aus Kunststoff gespannt, das nicht verrottet. Das Vlies hält den Sand fest, darüber kommt eine Kleischicht von gut einem Meter, oben drauf Grassoden. Darauf laufen Schafe, die die Grasnarbe festtreten; schweres Rindvieh oder Pferde würden den Deich schädigen. Die Niederländer haben uns das gelehrt – nach der Hollandflut 1953 mit über 1000 Ertrunkenen. Heutige

Deiche sind bis zu 8,70 m hoch, der Deichfuß viel breiter als vor 1962, bis zu 144 m.

Der Wikinger-Friesen-Wasserweg zwischen Nord- und Ostsee

Dieser lief von der Nordsee am nordfriesischen Helgoland in die Uthlande (siehe auch Abb. 3 und Abb. 4) und durch weitere Wasserwege der damaligen Nordereider und Treene an Schwabstedt vorbei nach Hollingstedt als Stapel- und Ankerplatz. Von dort ging es teils über Land bis an die Schlei nach Haithabu/Schleswig und weiter Richtung Ostsee. Haithabu war die südlichste, wichtigste Handelssiedlung jütisch-dänischer und nordisch-friesischer Seefahrer, Händler, Handwerker mit weiträumigen Handelsbeziehungen. Haithabu wurde mehrmals von der Ostsee her von slawischen Obodriten und räuberischen Nordmännern angegriffen und 1066 aufgegeben. Nachfolger wurde Schleswig, auch Sliasthorp oder Sliasvik, später Bischofsstadt mit dem Schleswiger St.-Petri-Dom, gegenüber Haithabu, heute Haddeby, dänisch Hedeby. Haithabu ist aufwändig als Wikingerdorf rekonstruiert worden und ist zusammen mit dem Dannewerk, dänisch „Danevirke", dem Kograben und der Waldemarsmauer seit 2018 ein UNESCO-Weltkulturerbe (Abb. 5). Seit König Göttrik um 800 haben die Dänen als Schutz gegen die Sachsen, die von Süden angriffen, das „Danevirke" zwischen Treene, Hollingstedt und der Schlei bei Haithabu angelegt (Abb. 5). Bei Ausgrabungen wurden Artefakte aus der Wikingerzeit geborgen, zu sehen im Wikingermuseum Haithabu, einem großen Museumskomplex. Man sollte hinfahren und sich das ansehen. Viele freiwillige „Hobby-Wikinger" sorgen verkleidet als Handwerker, Hausfrauen und Kaufleute der Wikingerzeit dafür, dass man als Besucher denken kann, man ist in einem echten Wikingerdorf – und kann den Leuten zusehen, wie das Wikingerleben war. Die

Grenzanlagen zeigen unsere nordische Geschichte – Schleswig-Holstein als Brücke nach Dänemark und Skandinavien. Zurzeit entsteht an der Waldemarsmauer ein neues, größeres „Danevirke Museum", gefördert mit zehn Millionen Euro der dänischen „Møller-Stiftung", die im Landesteil Schleswig rege tätig ist, z. B. mit der „Møller-Skolen", dem dänischen Gymnasium in Schleswig.

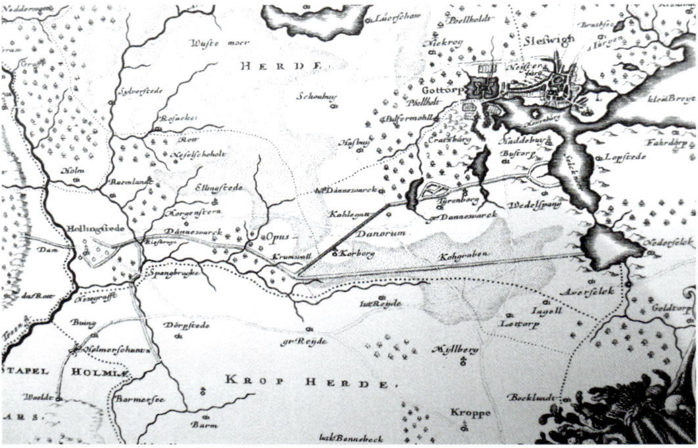

5 *Dannewerk aus Waldemarsmauer und Kograben von Hollingstedt an der Treene (links) bis Haithabu (rechts, heute Haddeby)*

Salz aus Torf – das „Weiße Gold der Friesen"

Salz war im Mittelalter ein wichtiges, hochwertiges Handelsgut, mit dem Erzeuger, Händler, Kaufleute und der Staat als Steuereinnehmer Geld verdienen konnten. Salz war lebenswichtig für die Ernährung, für die Haltbarmachung und Konservierung von Lebensmitteln, Fisch und Fleisch – vor der Reformationszeit mit strengen Fastenregeln und mit hohem Fischkonsum rund um die

Ostsee und Nordsee. Hering war bei vielen ein normales Lebensmittel. Zur Konservierung von fünf Tonnen Salzhering brauchte man eine Tonne Salz zu – je nach Maßfestsetzung – 136 kg. Die „Husumer Maße" und Gewichte für den Stückguthandel wurden 1549 festgesetzt.

Es gab die drei Quellen: Meersalz, Steinsalz bzw. Ursalz – und Friesensalz.

Das Meersalz wurde an den warmen Küsten Südfrankreichs, der Iberischen Halbinsel und der Mittelmeerregion in Salinen, flachen Meerwasserbecken, durch Verdunstung erzeugt und wurde wegen besserer Handelsbedingungen in der Neuzeit in Nordeuropa in Mengen verfügbar. Steinsalz oder auch Solesalz wird bis heute durch Herstellung von Salzsole, gesättigter Salzlösung, in Salzbergwerken unter Tage erzeugt. Es kam für Norddeutschland meist aus Lüneburg, auch z. B. aus der Hansestadt Krakau mit ihren Salzminen, oft von Berchtesgaden, Salzburg, Hallstatt, Hallein, und wurde mit Monopolen abgeschirmt, wie z. B. von den Habsburgern und Fuggern und ihren Salzminen am Alpenrand.

Friesensalz gab es seit dem frühen Mittelalter an der Nordseeküste von Flandern über Holland und in den drei Frieslanden. Hier in Nordfriesland, also gleich vor der Haustür Husums und der benachbarten Region. Es wurde vorwiegend in Familien- und Dorfgemeinschaften aus Salztorf gewonnen. Salztorf entstand im Zuge nacheiszeitlicher Wasserstandserhöhungen mit Moorbildungen, darüber maritime Ablagerungen von Schlick, Sand und Klei. Die Küstenbewohner kannten schon früh – mit dem Zwang zur eigenen Salzgewinnung mangels anderer Bezugsquellen – die Salzgewinnung aus Salztorf. Schon in römischen Quellen wurde die Salzgewinnung aus Torf erwähnt, später war dann Friesensalz als das „Weiße Gold" der Friesen bis ins 17. Jahrhundert eine begehrte Handelsware.

Petreus beschreibt 1603 in seinen Schriften über Nordstrand die Salzgewinnung aus Salztorf vor den Toren Husums auf dem „Strand" in Nordfriesland, damals mit großer Bevölkerung. Allein Nordstrand als ungeteilte Insel vor 1634 hatte nach Petreus rund 8000 Einwohner, ganz Nordfriesland von der Eidermündung bis zur Insel Röm mit großen Dörfern, Flecken, Städten und der bevölkerungsreichen Uthlande wohl an die 100 000. Da gab es einen entsprechend hohen Salzbedarf für den Alltag und für Vorratshaltung, Fisch- und Fleischkonservierung. Petreus beschreibt auf Niederdeutsch diese Salzgewinnung auf Nordstrand (Petreus 1603, Ausgabe 1901, Neudruck 1974 S. 90f). Die mühselige Arbeit mit dem Salztorfabbau geschah – als Erläuterung des niederdeutschen Berichts von Petreus hier auf Hochdeutsch – folgendermaßen:

1. Ein Areal im grünen Vorland oder im Watt wird mit einem niedrigen Sommer- oder Kajedeich umgeben, um den störungsfreien Abbau zu sichern. Dort steht auch die Salzwarft mit Torflagerplatz und Gebäude.
2. Die Deckschicht über dem verorteten Torf wird in großen Schollen streifenweise mit Spaten abgetragen, um an die Torfschicht zu kommen.
3. Der Torf wird nun in Streifen gestochen, auf Schuten oder Ewer verladen und bei aufgelaufenem Wasser auf die Salzwarft verfrachtet, wo es zum Trocknen ausgebreitet wird.
3. Nun wird die zweite Deckschicht blockweise in Streifen abgetragen und damit der vorherige Torfgraben verfüllt – so geht das je nach geplanter Fläche streifenweise weiter.
4. Auf der Salzwarft am Deich oder auf höherem Vorland wird der getrocknete Torf aufgeschichtet, mit einem Ringwall aus Erde umgeben und verbrannt.
5. Der Haufen Asche wird angefeuchtet, um ihn besser portionieren zu können, mit Soden vor Regenauswaschung geschützt

und portionsweise von den Salzsiedern der Salzwarft in flache Kessel mit einem mit Stroh abgedeckten Bodenabfluss verbracht, mit Meerwasser von oben so lange gewässert, bis unten eine gesättigte Sole – Sall oder Pekel, vergleiche das Wort Pökel – entstanden ist.

6. Dieser Pekel wird in breiten Kesseln mit Torf- oder Holzfeuer darunter erhitzt, bis er verdampft ist und das Friesensalz gebrauchsfertig entnommen und gehandelt werden kann.

Der bittere Geschmack, vor dem Petreus warnt, rührt daher, dass dieses Salz aus Torf wie auch Meersalz einen hohen mineralischen Anteil an Magnesiumsalzen, etwa 19 %, hatte, der es bitterer machte, trotzdem war es vor 1500 teuer, später sank der Preis durch Importsalz, die Salztorfgewinnung war unrentabel.

Salztorf wurde außer in größerem Umfang um Rungholt bis 1362, danach um Südfall herum weniger, aber am meisten von Hooge bis Langeneß und zur Festlandküste auf großen Flächen abgebaut, auch vor Husum – siehe Ortsteil Soltbargen heute. Die zerstörerische Rungholtflut brachte für Jahre den Salztorfabbau zum Erliegen, es fehlte das lebenswichtige Salz. Lass (1752) notiert für 1380, dass es in Husum 300 Tote wegen Salzmangels gegeben habe, kann diese Zahl aber nicht belegen. Quellen wie Küster (1936) sprechen von 40 000 Hektar Salztorfabbaufläche, andere gar von unwahrscheinlichen 1000 Quadratkilometern. Diese großflächige Bodenabgrabung hat zur Tieferlegung großer Flächen in den Vorländereien und teils auch binnendeichs geführt. Diese wurde verstärkt durch die immer bessere Entwässerung mit Sielzügen, Zuggräben, Sielen und Pumpwerken. Schließlich hatte Herzog Adolf in den Niederlanden viel über Deich- und Sielbau sowie über Entwässerung der Marschen gelernt. Die wohlhabende Insel Strand als Milch- und Käseproduzent sowie Korn- und Fleischreservoir für das Amt Husum und die herzogliche Hofhaltung wurde 1581 herzoglich-gottorfisch.

Bei Küster (1936) heißt es, dass in der Rungholtzeit 1000 Pfund Trockentorf 250 Pfund Salztorfasche ergeben, woraus 100 Pfund Salz gewonnen wurden – also im Verhältnis: Zehn Teile Rohstoff ergaben einen Teil Salz. Das war verbunden mit dem Einsatz vieler Arbeitskräfte und vieler Materialien und Brennstoffe – mit viel Umweltverschmutzung. Bis dahin war dieses Salz ein hochpreisiges Lebensmittel, wurde mit schierem Silberpfund, sogenanntem „Stere" Silber, d.h. schweres, echtes, unverfälschtes Silber, Herkunft England, bezahlt – siehe die englische Währung Pfund Sterling.
Dieses Friesensalz war so begehrt und lebenswichtig, dass es, vom Herrscher besteuert, auf den großen Salzmärkten bis 1361 in Rungholt – und in Ripen/Ribe, der dänischen Königsstadt, am Mariengeburtstag, dem 8. September, acht Tage lang verkauft wurde und Abnehmer bis nach Norwegen und England fand. Dieser Salzhandel mit einem vergleichsweise viel profitableren Salz als dem Steinsalz aus den Fugger'schen Salzminen war dem mächtigen Habsburger Kaiser Karl V. ein Dorn im Auge, er verbot es 1521 innerhalb seiner Grenzen.
Salz wurde aber weiterhin im nördlichen dänischen Nordfriesland gewonnen, weil nach der Groten Mandränke 1362 nur noch wenig Salz von Südfall kam. So erhielt Ribe, wichtigster dänischer Hafen an der Westküste, im Jahr 1621 das königlich-dänische Monopol über den Handel mit Friesensalz, das aus den vielen Salzbuden und Salzwarften meist per Schiff nach Ribe transportiert wurde. Weil die großen Salztorf-Gebiete nördlich der Inseln Nordstrand lagen, verbrachten Schiffe aus Dagebüll, Fahretoft und Galmsbüll, auch aus weiteren kleinen Häfen, das Friesensalz nach Ribe, dem Monopol-Standort, wo es tonnenweise – eine Tonne zu 136 kg – in den Handel kam.
Handelskonflikte um Salz gab es in der gottorfischen Zeit ab 1544 oft mit Ribe, dem Haupthandelsplatz für die nördliche Hälfte Nordfrieslands. Jürgens (1914, S. 87) berichtet, dass 56

Friesenschiffe allein 1605 dort mit Salz einliefen. Tonderns Hafen wurde wegen der Eindeichung vorgelagerter Köge und zunehmender Verschlickung der Wiedau unbefahrbarer und verlor an Bedeutung, ähnlich wie Husum und schon im 9. Jh. Dorestad, ehemals wichtigster friesischer Hafen. Ribe wurde Haupthandelsplatz für friesisches Salz und nutzte das gegen die Interessen friesischer Kaufleute. Dieser Streit wurde 1576 im „Rezeß von Kolding" vom König geschlichtet mit der Erlaubnis freien Handels (Jürgens 1914, S. 67). Salztorfflächen vor Husum wurden herrschaftlich gegen Gebühren verpachtet, das hörte 1728 auf.

Für Husums Blüte im 15./16. Jahrhundert gibt es in den Zolllisten kaum Angaben über Salzhandel. Jürgens (1914, S. 263) nennt für 1553 gesamt 46 Tonnen, für 1590 rund 75, für 1595 13 und 1603 dann 28 $^{1}/_{2}$ Tonnen friesisches Salz. Als Folge zunehmenden Schiffshandels wurde billigeres Meersalz aus Spanien auch über Flandern und die Spanischen Niederlande eingeführt. Das Friesensalz wurde zu teuer, nicht mehr konkurrenzfähig und tauchte für Husum nach 1603 in den Zolllisten nicht mehr auf.

6 *Kulturspuren im Watt bei Langeneß – vom Salztorfabbau*

Die Folgen dieser Salzgewinnung waren aber, dass große Flächen über dem Torf und ebenfalls die darunterliegenden Torfschichten abgegraben wurden. Dadurch entfernte man wertvolle, gewachsene Oberflächenschichten, die nun fehlten und gegen Nordseefluten keinen Schutz mehr boten. Außerdem legte man das gesamte betroffene Gebiet um Meter tiefer – ebenfalls aus Unwissenheit über die drohenden Gefahren bei Sturmfluten. Das schutzlose Land fiel den „Mandränken" leichter zum Opfer. Doppelt gefährlich wirkten sich zudem die zunehmenden Entwässerungsgräben und Sielzüge aus, die weiten Teilen Nordfrieslands die Fähigkeit als Wasserspeicher nahmen und das Marschland weiter absinken ließen – es geriet großflächig unter Meeresspiegelniveau wie in den Niederlanden, den Elbmarschen oder Nordfriesland.
Im Nordfriesland Museum. Nissenhaus gibt es eine Dauerausstellung zum Thema Rungholt, Deichbau und Sturmfluten, die viel erzählen kann über dieses ureigene friesische Thema. Diese Ausstellung sollte man sich mal ansehen, dann weiß man viel besser Bescheid über die Geschichte des Deichbaues, über Deichprofile, über die schwere Arbeit der Deichbauer früher. 2021 wurde im Nordfriesland Museum im Nissenhaus eine neue Sonderausstellung darüber präsentiert, die heißt „Gewaltig! Nordsee". Da wird unsere uralte Küstenschutz- und Deichbauthematik zu einem Erlebnis mit allen Sinnen. So eine Ausstellung passt bestens nach Husum als Hauptstadt von Nordfriesland, der Tür zum größten europäischen Nationalpark, „World Heritage Wadden Sea Site", dem UNESCO-Weltnaturerbe Schleswig-Holsteinisches Wattenmeer.
Sturmfluten sind an der Nordsee seit 839 n. Chr. dokumentiert. Zum Beispiel ist an der südlichen Nordseeküste im Jahr 839 das Ijsselmeer bei einer bösen Sturmflut entstanden und hat Frisia

major – Westfriesland – zerrissen. „Nordsee ist Mordsee!" Erst im 20. Jahrhundert wurde das südliche Ijsselmeer in Polder – niederländisch für Koog – wieder eingedeicht.

Es hat rund 350 Sturmfluten in den letzten 300 Jahren gegeben, aber die allermeisten sind lediglich Sturmfluten so um zwei Meter über dem Mittleren Tidehochwasser (MThw ist eine im Küstenschutz aus dem Mittel aller Hochwassermarken festgesetzte Maßeinheit).

Die heutigen schlimmsten Sturmfluten laufen höher auf als fünf oder sechs Meter über MThw – und diese werden immer mehr. Das liegt am Klimawandel. Jede dauerhafte Erwärmung der Luft hat Erwärmung und Ausdehnung der Weltmeere zur Folge, und das bedeutet einen Anstieg des Meeresspiegels. Darum sind die heutigen Deiche vor Nordstrand und Büsum schon bis 8,70 m hoch und haben einen Deichfuß von rund 140 m. Der Rungholtdeich war nur 1,40 m hoch mit einem Deichfuß von gerade mal 7 m. Man stelle sich vor: Seit dem Höhepunkt der letzten Eiszeit vor rund 22 000 Jahren ist durch Erwärmung und Abschmelzen der gewaltigen Eismassen der Wasserpegel hier am nördlichen Weltmeer um über 100 m angestiegen. So ist die Nordsee entstanden, die vorher eine baumlose Tundra war, wo vor etwa 12 000 Jahren Steinzeitjäger lebten. In unserem großen Husumer Schifffahrtsmuseum Nordfriesland ist ein Kajak zu bestaunen von der Art, wie es sich damals die Steinzeitjäger gebaut haben. Sie hatten kein Holz, haben die Spanten aus Rentierknochen hergestellt. So ein Spant liegt auch im Schifffahrtsmuseum – rund 12 000 Jahre alt, gefunden bei Baggerarbeiten im Husumer Hafen.

Um 1300 ging in einer großen Sturmflut Mildt/Mildeborg in der Südermarsch unter. Nachfolger wurde an der Geestkante Mildstedt, bis um 1450 Hauptort der Südergoesharde. Die Nordsee, der Blanke Hans, brach mit dem Süderheverstrom durch bis an die

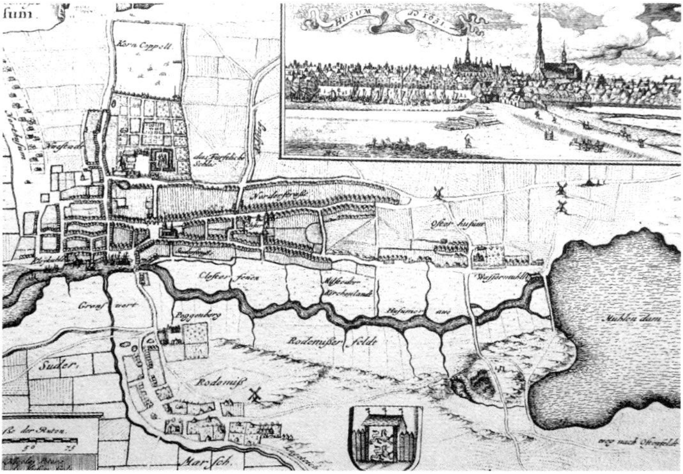

7 *Husum um 1600 mit Husumer Au und Mühlenteich*

Mündung der Husumer Au bei Westerhusum, das aus wenigen Häusern bestand. 1362 kam eine andere Grote Mandränke, die Rungholtflut. Durch die Süderhever und die frühere Nordereider bis hin nach Schwabstedt fraß sich die Nordsee erstmal ein neues Bett und ist erst später mit viel Mühe teilweise wieder eingedeicht worden. Aus ein paar kleinen Siedlungen auf dem höheren Nordufer der Au entstand nach 1362 Husum mit Hafen und Schiffsbrücke, an der von der Nordsee her Schiffe anlegen konnten. Husum wurde in knapp 100 Jahren bis 1452 der wichtigste Bleeck – Marktflecken. Nördlich lagen der Flecken Bredstedt, Brekling, heute Breklum, und Leck. Dann die Handels- und Hafenstädte Tondern und Ripen an der Westküste; im Süden auf Eiderstedt lagen die friesischen Handelsorte wie Tönning, Oldenswort, Tating und Garding.

Das Privileg von Ripen 1460 und die Grafenfehde der Oldenburger 1472

1460 versprach Dänenkönig Christian I., erster Dänenkönig aus dem Hause Oldenburg, im Privileg von Ripen, dass Schleswig und Holstein „bliven ewich tosamende ungedelt". Die Friesen gehörten zu seinem dänischen Reich, aber 1472 in der Grafenfehde standen die Friesen auf der Seite von Graf Gerhard von Holstein, dem Bruder König Christians I. Graf Gerhard wollte selbst gern Herzog von Schleswig und Dänenkönig werden und hat die Friesen auf der Insel Strand, auf Eiderstedt und in einigen friesischen Dörfern rund um Husum gegen seinen eigenen Bruder Christian aufgewiegelt. Sie sollten belohnt werden, wenn sie ihm gegen König Christian I. beistünden. König Christian behielt die Oberhand, Graf Gerhard und die Friesen holten sich eine blutige Nase. Graf Gerhard konnte nach Holstein entkommen, und die 35 Anführer aus Husum und Umgebung, andere Quellen sagen, dass es sogar 70 waren, wurden zum Tode verurteilt. Viele verloren ihr Eigentum, wurden vertrieben von Haus und Hof, ihren Häusern wurde auf alle Zeiten eine „Rebellensteuer" auferlegt, die bis 1872 aufrecht blieb – 400 Jahre! Der damalige Marktflecken Husum hatte schlechte Karten, verlor 1480 die Zollfreiheit, das Privileg seiner Selbstverwaltung, das Recht auf eine Stadtmauer, dadurch seinen Warenverkehr und Kaufleute, erholte sich aber trotzdem immer wieder gleichsam wie Phönix aus der Asche. Husum erhielt zur Strafe kein Stadtrecht, das bekam es erst 1603. Allen Widrigkeiten zum Trotz blühte damals der Husumer Handel mit dem bevölkerungsreichen und fruchtbaren Umland Nordfriesland, darüber hinaus der Seehandel mit Westfriesland, Ostfriesland, Holland, Brabant und Flandern. Das holländische Amsterdam, die westfriesischen Handelsplätze Enkhuizen, Hoorn, Medemblik und Harlingen waren Husums beste Handelspartner. Westfriesland war die reichste niederländische Region.

Flensburg aber war der Gewinner, denn Flensburg war an der Grafenfehde 1472 nicht beteiligt und brauchte nur ebenso viel Zoll zu bezahlen wie die dänischen Schiffe. Flensburg war auch ab dem 17. Jh. mit 3000 Rigsdalern in Westfriesland an der „Vereinigten Ostindischen Handelskompanie" beteiligt und hat darum am Ostindienhandel gut mitverdient. Man stelle sich vor: Um 1635 hatte Kopenhagen 88 Schiffe auf See, allein die Stadt Flensburg hatte 200, da sieht man, wie wichtig Flensburg war. Aber auch wenn Husum sich um die Zollfreiheit gebracht hat, so hat Husum als Transithafen für den Handel nach Westen und nach Flensburg profitiert. Mit der Verleihung des Stadtrechts 1603 kamen viele Privilegien wieder zurück, die Husum vorher verloren hatte, so das Privileg, von allen Schiffen der Wattenschifffahrt oder Seeschifffahrt „Baken- und Tonnengeld" einzuziehen. Damit konnte Husum mit dem „Commerzium" als Interessen-Vereinigung den gefährlichen Schifffahrtsweg durch die Uthlande sichern. Mit dem „Strand" hatte Husum wertvolles Land vor der Haustür, die eigene Korn- und Speisekammer. In der Groten Mandränke 1634 wurde dieser Strand, Husums Kornkammer, zerrissen. Erhalten blieben Nordstrand, Pellworm und eine Handvoll Halligen, z. B. Hooge, Südfall, Nordstrandischmoor, Langeneß, Süderoog, Norderoog, Habel und Gröde.

Das Schloss vor Husum, das Kavaliershaus und das Torhaus

1544 wurde Schleswig-Holstein aufgeteilt unter dem dänischen König und zwei seiner Brüder, einer davon war Herzog Adolf von Dänemark, fortan Herzog Adolf von Gottorf. Die Gottorfer regierten vom Schloss Gottorf in Schleswig und bauten 1582 das Husumer Schloss an der Stelle, wo vorher ein Kloster der Franziskanermönche stand, das nach der Reformation abgerissen wurde. Die Gottorfer hatten schon vorher drei Schlösser in Schleswig, in Tönning und in Reinbek bei Hamburg. Das Husumer Schloss präsentierte sich mit ausgesucht großer Kunst; die Herzoginwitwen Maria Elisabeth und Augusta von Dänemark haben im 17. Jh. das Schloss aufs Beste ausstaffiert mit Bildern, Gobelins, Möbeln, Wandverkleidungen, prachtvollen Kaminen, für die sie sich als „Steensnitger" für Marmor, Granit und Sandstein den Steinmetz Henni Heidtrider geholt haben. Die Gottorfer hatten sodann die zweitgrößte Kunstkammer in Nordeuropa, dazu zählten allein 600 wertvolle Gemälde, nur das Königreich Dänemark, das Mutterland der Gottorfer, hatte z. B. in Frederiksborg und Kopenhagen mehr Kunst zu zeigen. Auch der Husumer Schlosspark wurde als einzigartiger Barockgarten angelegt, in dem aber immer noch die Krokusse des vorherigen Klostergartens wuchsen und sich vermehrten. Im Kaiserreich nach 1871 wurde der inzwischen verwilderte Barockgarten als Englischer Garten umgestaltet, wie er sich bis heute zeigt. Die ersten Krokusse stammen von den Franziskanermönchen, die daraus Safran gewinnen wollten, was ihnen aber nicht gelungen ist. Eben westlich des damaligen Schlossgrundes steht das imposante Kavaliershaus (Abb. 8), gebaut 1632, ein zweigeschossiger Backsteintraufenbau mit drei Treppengiebeln in Niederländischer Renaissance. Das war damals sozusagen das Gästehaus für das Schloss und ist seit 300 Jahren ein Privathaus, als denkmalgeschütztes Bauwerk lange schon im Besitz der Husumer Familie Maack, deren Möbelhaus daneben liegt. Zum Kavaliershaus gehört von alters her ein großes Grundstück, früher Teil des Schlossgrundes, mit altem Baumbestand, vielen Blumen, Krokussen, Schneeglöckchen, Märzenbechern, Buschwindröschen, Primeln, Jakobsleitern, Narzissen – und in den schattigeren Ecken viel Bärlauch.

Im Kavaliershaus ist Ferdinand Tönnies (1855–1936) groß geworden, Spross einer Oldensworter Bauernfamilie, der mit sechzehn Jahren schon Abitur an der Husumer Gelehrtenschule gemacht hat und dann später Theodor Storms Freund wurde und auch Vertrauter im Alter von Storms Söhnen. Tönnies war der Begründer der universitären Soziologie und wurde Professor in Kiel, sein Standardwerk heißt „Gemeinschaft und Gesellschaft". Er kritisierte die NS-Herrscher und deren Ideologie, darum haben sie Tönnies die Pension zusammengestrichen, er starb als armer Mann. In Sichtweite des Kavaliershauses steht vor dem Sandsteinportal zum Schlossgarten ein Tönnies-Denkmal. Die ansehnlich gestaltete Grabstätte von Ferdinand Tönnies ist auf dem Oldensworter Kirchhof.

Dicht beim Schloss südlich an der Schlossstraße liegt das Torhaus zum Schloss. Errichtet 1612 als heute schneeweißes, imposantes Renaissance-Bauwerk – mit kunstvollen Sandsteinfiguren der griechischen Göttinnen Hera, Aphrodite und Athene (Abb. 24). Auch zeigt es einen prachtvollen Treppengiebel mit viel Sandstein, das aber kein herkömmlicher Backstein-Treppengiebel ist, sondern sogenannte Voluten- oder Floris-Architektur: Sandstein in Stein gehauen meist wie Blumenranken. Das war das Wertvollste an Sandstein, was es gab. Der Steinmetz Henni Heidtrider hat für das Schloss noch vier Sandsteintore und insgesamt acht Sandstein- und Marmorkamine geschaffen. Von den Sandsteintoren ist nur noch eines beim Kavaliershaus zum Schlossgarten erhalten.

Husum wurde 1603 Stadt

Husum löste sich erst 1431 von Mildstedt, dem Hauptort in der Südergoesharde. Husum war um 1450, rund 100 Jahre nach der Rungholtflut von 1362, zu einem größeren Bleek (Marktflecken) zusammengewachsen aus Westerhusum, der Altstadt um die

Schiffsbrücke mit der Wasserreihe, der Hohlen Gasse und um die höhere Breite Straße, heute Großstraße, mit schon mehr als 1000 Bewohnern. Darum stellte Husum für den Kirchgang, eine zumindest wöchentliche Christenpflicht, einen Antrag auf eine eigene Kapelle. Die bekamen sie auch, mussten aber an die St.-Lamberti-Kirche in Mildstedt als Hardenkirche noch eine Art Ablöse bezahlen. Ein große gotische Backsteinkirche wurde durch aufwändige Erweiterungen der ersten Kapelle Husums 1507 fertig. Das war eine gewaltige Marienkirche. Der spätgotische Backsteinbau in Anlehnung an den Dom zu Hadersleben war ausgestattet mit einem mächtigen Turm von um die 100 m Höhe.
In der Zeit blühte Husums Handel und Handwerk. Husum erhielt vom Herzog 1603 die Urkunde zum Stadtrecht, das 1608 gedruckt erschien. Als Hauptstadt der Südergoesharde war Husum damals die wichtigste Stadt in Schleswig-Holstein. Das Stadtwappen (Abb. 15) zeigt, dass Husum das Recht hatte auf einen hölzernen Palisadenzaun um die Stadt – keine steinerne Stadtmauer.
Um 1700 wurde dann Flensburg, unser Konkurrent an der Ostsee bis heute, als Hafen- und Handelsstadt wichtiger als Husum. Schleswig war nicht so wichtig, da war das Schloss Gottorf mit einer kleinen Stadt rund herum und der Herzog mit Regierung und Hofstaat, auch war da eine von den wichtigsten Zollstellen. Da mussten z. B. auf dem Ochsenweg das Vieh und alle Handelswaren durch und Zoll bezahlt werden. Für König, Adel und die Herzöge waren diese Zolleinnahmen die wichtigsten Bezugsquellen von Bargeld. Darum wurde hart bestraft, wer die Zollstellen umgehen wollte. Das Umgehen von Zoll konnte als „Unterschleif" sogar mit dem Tod bestraft werden, in der Zeit des Dreißigjährigen Krieges wurden in Husum die drei Galgen der Stadt aufwändig instand gesetzt. Der Straßenname „Gallberg" am nördlichen Stadtrand beim „Schulwald" erinnert bis heute an den einen der drei Galgen.

Husum und sein Hafen, das Tor zur weiten Welt

Bei der Rungholtflut 1362 brach die Hever, der Wattenstrom, durch bis an den Auslauf der Husumer Au, wie ich weiter oben erwähnt habe. Diese schmale Hever erweiterte sich zur breiten Süderhever mit dem Abzweig der neuen Norderhever, die nun mitten durch die überfluteten Reste von Rungholt lief und sich von Flut zu Flut immer tiefer nach Norden hineinfressen konnte. Heute ist diese Norderhever bis zu 10 km breit und bis zu 37 Meter tief.

Diese Grote Mandränke von 1362 war für Husum aber ebenso ein Glücksfall. Schiffe von auswärts konnten nun auf den neuen Wasserwegen Handel treiben mit Nordfriesland. Und tatsächlich gab es seit etwa 1400 Brabanter Schiffe, die die Süderhever bis Husum und weiter nach Ripen gefahren sind. Der Hafen mit der Schiffbrücke wurde Anleger für Handelsschiffe. Nach dem Schlossbau 1582 wurde es immer wichtiger, dass die Seeleute und Handelsschiffe sich auf den sicheren Husumer Hafen und auf sicheres

8 *Kavaliershaus*

9 *Das historische Husumer Seegericht im Westerende – heutige Ansicht*

Seerecht verlassen konnten. Darum sorgte Husum – geregelt 1738 vom Commerzium – für einen sicheren Wasserweg mit Baken und Tonnen durch die Süderhever. Vorher, schon 1582, wurde das Weichbildrecht als Vorläufer des Stadtrechts erlassen, dann ein besseres Marktrecht und das Wisbyer Seerecht. Damit war die Seefahrt von und nach Husum sicher. Bald hatte Husum sogar ein volles Seegericht mit zwölf angesehenen, ehrenamtlichen Schiffern für alle Inselfriesen. Oland z. B. hatte ein halbes Seegericht nur für die Halligen. Um 1750 wurde das Seegericht im Westerende gebaut (Abb. 9). Der Hafen war aber oft von der Nordsee her verschlickt, da konnten bald keine großen Schiffe mehr einfahren. Die Husumer haben dann versucht, den Schlick mit aufgestautem Wasser mit Hilfe einer Spülschleuse hinauszuspülen, das hat nichts gebracht. Darum ist Husum keine Hafenstadt mit tiefer Fahrrinne geworden, nur ein Hafen für kleinere Schiffe. Ein Vorteil für Husum war die Zuwanderung aus den Niederlanden. Diese

lagen im 16./17. Jahrhundert mit den habsburgischen Herrschern der Spanischen Niederlande ständig im Streit und Krieg, weil die Niederlande selbstständig werden wollten.
Und wegen dieser Unabhängigkeitskriege sind viele Niederländer ausgewandert nach Ostfriesland, Eiderstedt, Nordstrand, Friedrichstadt und Husum. Alle waren sie tüchtige Schiffer, Kaufleute, Handwerker, Deichbauer. Herzog Friedrich hat den Flüchtlingen Religions- und Handelsfreiheiten erlaubt und ihnen 1621 genug Land zugewiesen für die Gründung von Friedrichstadt.

Das Husumer Rathaus von 1601, Husumer Münze – Herzogin-Augusta-Haus

Husum erlebte im 15./16. Jahrhundert eine erste Blütezeit, in der so viel Geld verdient wurde, dass schöne Häuser im Niederländischen Renaissance-Stil und in Backsteingotik erbaut wurden: Das Herrenhaus und die Münze von 1431, das Rathaus von 1601 am Markt, wo vormals bis 1600 die Schankwirtschaft „Zum Engel" für Viehhändler und Kaufleute stand. Dort kam das Rathaus hin, in norddeutscher Backstein-Renaissance mit Treppengiebeln, Sandsteinarkaden und Sandsteintreppe, unter der die Einfahrt in die Markthalle unterm Rathaus war. Zuerst haben die Husumer nicht erlaubt, das dort auch Auswärtige, z. B. aus Eiderstedt, handelten; dem stimmte der Herzog auch zu. Aber rund 100 Jahre später hat der Eiderstedter Staller Caspar Hoyer als Dienstmann des Herzogs durchgesetzt, dass in Husum auch auswärtige Kaufleute handeln durften. Das führte zu Husums Aufschwung. Ab 1607 war der Markt am Donnerstag an der Breiten Straße, der heutigen Großstraße, schon zu beengt. Darum wurde zweimal drei Tage im Jahr ein Extramarkt eingerichtet als Frühjahrs- und als Herbstmarkt für den Viehhandel. Zu der Zeit gab es hinter der Markthalle, im hinteren heutigen Ratskeller, einen Marktkrug. Vor einigen Jahren haben Archäologen dort eine Menge an Artefakten aus dem 15./16. Jahrhundert zu Tage gebracht. Über der Markthalle lag der Ratssaal mit einer mächtigen Eichenbalkendecke. Die dicken Balken dort kann man bewundern, wenn man die Sandsteintreppe hinauf in die Tourist-Info geht. Der Baumeister 1601 hieß Peter von Maastricht, der aber von Tönning kam, da Husum keinen eigenen Baumeister hatte. Tönning war damals weiter als Husum und wurde zwei Jahre früher Stadt. Über die Jahrhunderte wurde das Rathaus mehrmals umgebaut, zuletzt 1965. Von der prächtigen Sandsteinfassade (Abb. 11) ist nur die integrierte Treppe erhalten, über dem Eingang zum Ratskeller. Daneben steht das Haus Markt Nr.1, die alte Husumer Münze, das Haus Nr. 3, das Herrenhaus, daneben das historische Rathaus Großstr. 27 aus der Renaissance. In Markt 1 wurde 1522 der Husumer Taler in wenigen Exemplaren geprägt, dann kam die Münzstätte nach Kopenhagen. Es gibt noch elf Husumer Taler, einen in der historischen Husumer Bürgermeisterkette, einer wurde im Juni 2020 in Osnabrück für 75.000 Euro versteigert. Diese Talermünze ist der erste nordeuropäische Silbertaler, die Hansestadt Lübeck bekam erst 1528 einen eigenen. Das Haus Markt 1 hielt sich nach 1619 die Herzoginwitwe Augusta von Dänemark nach dem Tod ihres Mannes, Herzog Johann Adolf, als Stadthaus, die Schwester König Christians IV. und Urgroßmutter von Zarin Katharina der Großen in Russland. Die Zarenfamilie, die Romanows, hieß ab 1762 „Romanow-Holstein-Gottorp", damit eng verwandt mit den Oldenburgern. In ihr Haus hat Herzogin Augusta eine einmalig schöne Renaissance-Stuckdecke einziehen lassen, aus Lehmstuck, der besser ist als Gipsstuck, weil er Feuchtigkeit besser verträgt. Und besonders dieser Lehmstuck, in den Kälberhaare von Nordstrander Kälbern eingearbeitet waren. Man kann an der restaurierten Stuckdecke einen Phönix (Abb. 14) bewundern oder Paradiesfrüchte, Weintrauben, Feigen, Granatäpfel.

Diese Decke war nach Herzogin Augustas Tod für über 370 Jahre unter einer Holzverkleidung verborgen, kam erst im Jahr 2016 wieder bei einem Umbau ans Tageslicht und wurde aufwändig restauriert – unter Mitwirkung der besten deutschen Restauratoren. Die wunderbare Restaurierung wurde dokumentiert im Sonderdruck der Zeitschrift für Denkmalpflege in Schleswig-Holstein, Jahrgang 24 – 2017, Boyens Verlag, Heide. Das Herzogin-Augusta-Haus wurde inzwischen umgebaut und präsentiert sich seither in historischem Gewand auf zwei Stockwerken. Im Obergeschoss ist ein kleines Museum für Stadtgeschichte und über Herzogin Augusta. Daneben steht das Herrenhaus (Abb. 12), vielleicht schon um 1400 erbaut, 1431 laut Panten (2003) erstmals erwähnt.
Das Herrenhaus ist gebaut in Backsteingotik – mit schönen Treppengiebeln. Am oberen Giebel sieht man 35 weiße Steinköpfe aus der Wand herausragen, in Husum sagt man Rebellenköpfe, vielleicht als Mahnung, nie wieder wie 1472 einen Aufstand gegen die Obrigkeit zu riskieren, das könnte schief gehen.

Husums historische Häuser: Herrenhaus & Co. – Renaissance und Backstein

Die Häuser Markt Nr. 1 und 3 sind die ältesten Häuser Husums. Die großen Fenster im Herrenhaus wurden aber erst 1890 so geändert, da war just die Neugotik modern, einzig das mittlere hohe Fenster mit Spitzbogen ist das spätgotische Original. An der breiten Granittreppe vorm Herrenhaus stehen zwei Sandsteinsäulen, die Beischlagwangen (Abb. 13) Diese standen erst etwas östlich vor einem früheren Renaissance-Haus am Markt, von Kaufherr Peter Petersen sen. Dessen Söhne Simon und Peter Petersen jun. ließen 1605 nach dem Tod ihres Vaters die prächtigen Beischlagwangen vor dem Haus aufstellen mit der Inschrift „Anno 1605 Simon und Peter Petersen Gebrodere". Viel später ging das Kaufherrenhaus

10 *Wasserreihe, schöne Altstadtstraße;* 11 *unten: Altes Rathaus*

12 *Backsteingothik am Markt*

13 *Beischlagwangen – Sandsteinsäulen von 1605 vorm Herrenhaus*

dann durch Einheirat an die Familie Woldsen, deren Aufstieg als Patrizierfamilie vor 1700 Fahrt aufnahm. 1862 wurde das Haus zur „Centralhalle" umgebaut als damals wichtigstes, größtes Wirtshaus mit Saalbetrieb, es hatte den größten Festsaal.

1929 wurde die Renaissance-Centralhalle abgerissen, dort stand dann Plath & Timmann, ein angesehenes Textilkaufhaus, noch vor 60 Jahren gutmütig Plath & Plünnen genannt. Die Beischlagwangen schmücken seitdem das Herrenhaus daneben. Zwei weitere Beischlagwangen von 1616 kann man an der Ecke Norderstraße-Schulstraße bewundern, am Haus von Doktor Hermann Lather und seiner Frau. Dr. Lather war einer der ersten studierten Juristen, beide kamen aus einflussreichen Großbürgerfamilien. Husum war eine reiche Stadt mit einer Reihe prachtvoller Backstein-Renaissance-Bauwerke, schon genannt wurden Herrenhaus, Rathaus, Herzogin-Augusta-Haus, Kavaliershaus und Schloss, erwähnt werden noch das Danckwerth-Haus und das Wernersche Haus (Abb.16). Ein Stück weiter Richtung Marktplatz steht südseits das Haus von Bürgermeister Danckwerth (Abb. 19, heute CJ Schmidt), auch ein Renaissance-Kulturdenkmal. Oben an der Fassade läuft ein breiter Sandsteinfries, recht einmalig in dieser Größe und Zeichen für Husums Bedeutung. Das Haus spielt in der Novelle „Drüben am Markt"

14 *Phönix im Herzogin-Augusta-Haus – Renaissance-Stuckdecke*

von Theodor Storm eine wichtige Rolle. In der Novelle geht es um überkommene Standesunterschiede und deren Einflüsse auf die Husumer Gesellschaft. Vis-à-vis steht die Schwan-Apotheke von 1656 (Abb. 17), Husums zweitälteste Apotheke. Die ist das Ansehen wert. Da haben sich die ehrsamen Patrizier-Familien in Husum, die Woldsens, die Feddersens, die Danckwerths, vielleicht auch die Adelsleute aus dem Schloss, schon vor 350 Jahren die Medizin holen lassen.

15 *Stadtwappen 1465*

16 *Das Werner'sche Haus an der Großstraße*

Dieses Prunkstück (Abb. 16) der Renaissance-Architektur von 1581 ist – zum Glück für Husum – recht ursprünglich als Zeugnis der Husumer Blütezeit als Handelsstadt erhalten. Es hat den katastrophalen Brand von 1852 und spätere Zerstörungen historischer Bausubstanz überlebt. Wir sehen eine auffällige Blendengliederung, waagerechte Unterteilungen der sechs Treppengiebelebenen, ausgeprägte Doppelbögen über den vier Fensterreihen und einen

großen Blend- oder Truggiebel. Schon im 17. Jahrhundert war dort ein Weinhandel der Familie Werner, sichtbar mit der überdimensionierten Weintraube über dem Portal – einmalig für Norddeutschland. Seit 1969 gilt für die Fassade Denkmalschutz.
Die Schwan-Apotheke (Abb. 17) ist heute im Zustand von 1795 – im Stil des Spätbarock – aufwändig restauriert, das kann man sehen, wenn man durch das schöne Portal in den Verkaufsraum eintritt. Sogar die mächtigen Deckenbalken aus Eichenholz kann man bewundern. So eine schöne Apotheke gibt es selten in Schleswig-Holstein; die nächste so schöne ist vielleicht die Alte Apotheke in Tondern. Älteste Apotheke in Husum ist die Einhorn-Rats-Apotheke von 1613 an der Südseite vom Markt. Das weiße Einhorn mit goldenem Horn über dem Portal wurde im Sommer 2020 sorgsam restauriert – ein weiterer Hingucker. Die Apotheke stand als ansehnlicher Backsteinbau bis vor rund 50 Jahren an der Ecke Großstraße-Marktplatz, im Haus des heutigen Fielmann-Geschäfts;

17 *Schwan-Apotheke von 1656*

dann haben sich die damaligen Eigentümer, die Apothekerfamilie Klatt, das vormalige Husumer Kaufhaus, das Homfeldt'sche Haus, gekauft und dort die Einhorn-Rats-Apotheke eingebaut. Dort kam dann die erste Husumer Passage hinein, und heute sind da auf drei Etagen Läden und Arztpraxen untergebracht.
In der Schwan-Apotheke sieht man, wenn man an der bemerkenswert restaurierten Straßenfront unter dem weißen Schwan durch den auffälligen Portalbogen mit Sandstein-Beischlägen in den schönen Verkaufsraum eingetreten ist und die Blicke schweifen lässt, einige typische Utensilien früherer Apotheken, heute eine historische Dekoration, zur linken Seite in Bauweise des Spätbarock von 1795. Rechts fällt der Blick auf ein hohe, hölzerne Decke, wunderbar bemalt mit einem Deckenbild. Das zeigt die vier Elemente der Heilkunst, wie man sie seit Antike und Mittelalter kennt: Feuer, Wasser, Luft und Erde (Abb. 18). Aber was nützen diese vier Elemente allein? Man sollt gern ein fünftes Element zu Hilfe nehmen, das ist die „quinta essentia", eine schöne Frauenfigur. Sie schaut zwischen den vier Elementen herab, hat in der einen Hand das Heilige Kreuz und in der anderen Hand einen Pokal oder besser Gral. Das muss man sich ansehen, das ist wahrhaftig einmalige Kunst!
Als Hinweis auf große historische Häuser in der Altstadt, die dem Brand von 1852, der Spitzhacke und den vielen gesichtslosen Umbauten um 1960 zum Opfer fielen, sieht man vom Binnenhafen bis zum Markt etliche „unechte" Treppengiebel – eine Reminiszenz an Husums vergangene Architektur, mit der Husum bis zum Brand 1852 als backsteingotisches „Rothenburg des Nordens" galt. Bis dahin prägten an die 40 historische Bauten die Stadt, deren Architektur z. B. vom dänischen Archivar und königlichen Sekretär Jens Peter Trap 1864 in seinem mehrbändigen Werk „Statistik-topografisk Beskrivelse af Hertugdömmet Slesvig" – siehe Literatur hinten – als einmalig bezeichnet wird.

18 *Historische Deckenmalerei in der Schwan-Apotheke*

19 *Bürgermeister Danckwerth-Haus – mit auffälligem Sandsteinfries*

Die alte und neue Sankt-Marien-Kirche – Baumeister C. F. Hansen

Husum gehörte bis zur Loslösung 1448 zum Kirchspiel Mildstedt, erhielt aber 1431 eine eigene Kapelle, die man schrittweise vergrößerte, bis 1507 eine mächtige spätgotische Backsteinkirche fertig wurde. Diese Kirche mit gewaltigem, 104 m hohem Turm hatte 18 Altäre und z. B. 22 m hohe gotische Fenster links und rechts des Altars. Der Hauptaltar war dreitäfelig, ein Triptychon, das Brüggemann, vielleicht dem Kreis um Riemenschneider zugeschrieben wird und nach dem Abriss der Kirche 1807 nach Schwabstedt verkauft wurde – dort schmückt es noch heute die friesische Feldsteinkirche St. Jacobi von 1165. Die Husumer Marienkirche gilt als eine der zehn größten Backsteinkirchen in Norddeutschland. Als die Husumer die Kirche 1807 abrissen, spotteten die Tönninger, die ihre große St.-Laurentius-Kirche am Marktplatz haben, über die Husumer: „De Tönninger Toorn is hooch un spitz, de Husumers hebbt de Verstand in de Mütz". Für die Marienkirche hatte der hoch angesehene Holzschnitzer Hans Brüggemann um 1507 das kunstvolle Standbild des Ritters St. Jürgen als Drachentöter aus Eichenholz geschnitten, das kam von der St. Jürgenskirche des Gasthauses zum Ritter St. Jürgen 1830 ins Kopenhagener

20 *Husum um 1600 mit Marienkirche von 1507 und Schloss von 1582*

21 *Die neue Marienkirche von C. F. Hansen 1835, mit TINE von 1902*

Nationalmuseum. Brüggemann, der kunstvollste Holzschnitzer hier im Norden, schuf den viel bestaunten Brüggemann-Altar im Schleswiger Dom, der größten Kirche des Landesteils Schleswig. Auf dem bekannten Husum-Stich (Abb. 20) von Heinrich Rantzau sieht man den überaus hohen Husumer Kirchturm von um die 100 m Höhe. Der wuchtige, aber schlank wirkende Turm mit einem Backstein-Geviert von 11 x 13 m stand auf der Stelle des heutigen „Tine"-Brunnens von 1902. Das Rathaus wurde erst 1601 fertig, ebenfalls fehlte der heutige Marktplatz. Eindrücklich ist die breite Schiffbrücke am Hafen, die unbebaute Rödemishallig links unten, der damalige Zingel mit einer Schleuse und die breite Husumer Au rechts unten mit den Lämmerfennen.
Theodor Storm hat in seinen Novellen, z. B. in der Novelle „Aquis submersus", diesen Altar beschrieben, den er aber in dichterischer Freiheit in die Marienkirche von Hattstedt verortet. Die heutige, viel kleinere Husumer Marienkirche (Abb. 21) wurde 1835 im Stil des dänischen Neoklassizismus vom dänischen Baumeister Christian

Frederik Hansen gebaut, geboren in Husum und damals um 1830 berühmtester dänischer Baumeister des Klassizismus – ihm wird das gleiche Niveau wie dem berühmten Schinkel in Berlin zuerkannt. Er hat Bürgerhäuser und Kirchen, so die Marienkirche in Kopenhagen, die Vicelin-Kirche Neumünster, Kirchen in Krempe, in Quickborn, in Simonsberg und Villen in Hamburg an der Palmaille und Elbchaussee gebaut, auch die Villa der reichen Hamburger Kaufherren-Familie Reemtsma. Die Reemtsma-Stiftung hat 2018 für die neue Orgel in der Husumer Marienkirche viel Geld gegeben, es ist von 400.000 Euro die Rede – die Marienkirche ist ja ebenfalls von C. F. Hansen gebaut. Die neue Orgel, eingeweiht im Advent 2021, kommt aus der Werkstatt der weltweit tätigen Orgelbaufirma Klais aus Bonn, die die großartigen Orgeln im Kölner Dom, im Marburger Münster und in der Elbphilharmonie gebaut hat.
Eine andere Kirche von 1352 steht im nahen Schobüll, dänisch Skovböll – „Walddorf". Diese Marienkirche mit einem hohen Turm, der 1780 einstürzte, wurde als „ecclesiola sub mare", deutsch

22 *Die Schobüller Kirche aus dem Mittelalter, seit 1785 wie heute*

„Kirchlein am Meer", wieder aufgebaut (Abb. 22) und ausgestattet mit romanischen Merkmalen, mit einer Taufe aus Namurer Marmor, Blaustein, der auch bei der Hattstedter Kirche vorkommt. Die Kanzel von 1735 ist als Zeichen der Reformation in die Kirche hineingebaut. Das Kirchlein am Meer ist eine beliebte Hochzeits- und Konzertkirche.
Blickt man nach Westen, sieht man Nordstrand, aber noch vor 180 Jahren lag Nordstrand acht Kilometer weiter westlich. Es gab damals den Pohnshalligkoog, Morsumkoog und Nordstrander Damm noch nicht, die Köge wurden erst um 1850 und 1924 eingedeicht, der Damm war 1936 fertig. Schobüll ist der einzige Fleck, der keinen Deich vor der Nase hat. Der Schobüller Berg, eine Endmoräne aus der vorletzten Eiszeit, fällt sanft zur Nordsee ab, dort wird kein Deich gebraucht. Trotzdem überschwemmten Sturmfluten die Hauptstraße in Halebüll vor dem Nordstrander Damm, darum schützt seit einigen Jahren ein kurzer Deich mit einem technisch aufwändigen Straßendurchlass das Dorf Wobbenbüll dahinter.

Das Schloss drinnen und draußen

Nach dem Jahr des Stadtrechts 1603 mussten die Husumer drei Pestausbrüche erleiden mit so viel Elend und Toten, dann noch große Sturmfluten wie 1634 die Grote Mandränke – die riss die Uthlande noch mehr auseinander. Die große Insel Strand mit so vielen Menschen, bestes Marschenland und 25 Kirchen versanken in den Fluten. Übrig blieben Pellworm und das Hohe Moor, Nordstrandisch Moor, die heutigen Inseln und neun Halligen. Es währte Jahrzehnte, bis alles wieder eingedeicht werden konnte in den Zeiten des Dreißigjährigen Krieges.
Dann mussten die Husumer in diesem großen Krieg und danach für viele Tausend Soldaten Geld, Quartier, Essen und Trinken bezahlen, das waren die Schatzungen an die Dänen, die Schweden,

bald darauf in den Jahrzehnten der Nordischen Kriege auch an die Russen. Und es kam der Kosaken-Winter. Die Kosaken haben auf dem Husumer Marktplatz wahrhaftig Ochsen an einem gewaltigen Spieß gebraten. Das mit den Einquartierungen wiederholte sich mehrmals und hat Husum einen Berg Schaden und Schulden beschert. 1721 nach dem Großen Nordischen Krieg holte sich der Dänenkönig das Herzogtum Gottorf von den Gottorfern zurück, weil sie sich mit Schweden gegen Dänemark verbündet hatten. Den Gottorfern blieb nur das Schloss in Schleswig und ihr herzoglich-gottorfscher Anteil im Herzogtum Holstein, und das wurden sie 1773 endgültig los. Der Dänenkönig hatte kein Interesse und ließ das Schloss in Husum verfallen, aber der dänische Reichsbaumeister Möller sagte dann 1748 zum König, das Husumer Schloss sei doch zu wertvoll für die Spitzhacke. So wurde es bis 1752 instand gesetzt und aufwändig, im Stil der Barockzeit, umgebaut. Der Dachstuhl wurde etwas tiefer gelegt, Teile der Schlossmauer und der Schlossflügel wurden abgerissen, die ursprünglichen, wertvollen Sandstein-Fensterrahmen wurden durch Holzrahmen ersetzt. Innen erfolgte ebenfalls der Umbau im Barock-Stil, mit neu eingebauten großen Fluren und breiten Eichentreppen (Abb. 23). Unten sieht man das Schloss vor Husum im Originalzustand um 1600 mit dem Schlossgraben eines Wasserschlosses, mit Brücke darüber und dem eindrucksvollen Sandsteinportal des „Steensnitgers" – Steinmetz – Henni Heidtrider, an das sich links und rechts andere Bauten anschließen. Dann sieht man die markanten Wahrzeichen der reichen Renaissance-Architektur mit Sandsteinsimsen, mit dem großen Mittelturm und zwei Türmen in den Ecken, dann die Ziertürmchen über den Kaminen und vorn rechts sogar das frühere Sommerpalais der Herzogin. Links wohnte die Herzogin, rechts der Herzog, wenn er denn da war, über der Schlosskapelle. Die Türme wurden beim großen Umbau 1752 und

1792 abgerissen, heute ist der große Hauptturm wieder da, er wurde um 1980 wieder aufgebaut.
Das Schloss ist heute wieder ein stattliches Bauwerk mit schönen Einrichtungen, aufgearbeiteten historischen Bildhauerarbeiten, Kunstwerken und Bildern und ist Eigentum des Kreises Nordfriesland. Der Barockgarten wurde 2008 aufwändig restauriert, hinter dem Schloss, an der Ost- und Südseite. Das war der historische Garten der Herzogin Maria Elisabeth. Dort am Südflügel im Garten steht seit 2016 ein markantes Denkmal aus vier hellen, großen Steinquadern, gefertigt aus einem einzigen mächtigen Jurakalkstein. Das Monument erinnert an Franziska zu Reventlow, geboren 1871 als Tochter des Landrats Graf zu Reventlow und seiner Frau, einer geborenen Gräfin Rantzau. Auf den vier Steinblöcken steht der Wahlspruch Franziskas: ALLES WILL ICH IMMER – auf jedem Stein aber nur einzelne Wörter: ICH ICH ALLES ICH IMMER ICH WILL. Das Kunstwerk ist geschaffen von der Künstlerin Elsbeth Arlt aus Husum, die 1948 bis 2015 lebte. Franziska hatte es trotz ihrer privilegierten Herkunft nicht leicht. Ihre adelige Mutter wollte Franziska mit Strenge zu einer adeligen Dame erziehen, Franziska aber wollte lieber mit ihren Brüdern und anderen Nachbarskindern im Schlossgarten spielen. Die Gräfin hat den Willen ihrer eigenen Tochter brechen wollen. Das ließ sich Franziska nicht gefallen, so jedenfalls steht es in ihrem Roman „Ellen Olestjerne“, den man wie eine Biografie lesen kann. Obwohl Franziska so ein blitzgescheites Menschenkind war, hat sie es auf den Schulen, auch auf einem kirchlichen Internat, und später in ihrem Leben nicht leicht gehabt. Sie ist so früh wie möglich aus ihrem Elternhaus geflüchtet nach Berlin und München, hat gelebt als Künstlerin, Schriftstellerin, Malerin, hat sich nicht um ihr Ansehen gekümmert, hat kein Blatt vor den Mund genommen, wurde sogar wegen Gotteslästerung verklagt. Sie hatte stets ihren eigenen

Lebensstil, war eine kluge, belesene, wortgewandte Frau. In ihrem Leben war sie viel krank, mehrmals verheiratet. Ihr Erbe wurde auf das Pflichtteil gekürzt, und sie durfte nicht einmal von ihrem sterbenden Vater Abschied nehmen. 1897 bekam sie den einzigen Sohn, Rolf, hat aber den Namen des Vaters nie verraten. So kam sie zu ihrem Beinamen Skandalgräfin. Ihr Sohn war dann der einzige Adelige, der auf ihr Betreiben – „Ich eigne mich nicht zur Heldenmutter" – den Soldatendienst für Kaiser und Reich abgelehnt hat. Das wurde in Frankreich und England groß publiziert. Einer ihrer Romane, „Der Geldkomplex", hatte die ironische Widmung „Meinen Gläubigern zugeeignet". Gestorben ist Franziska 1918 in einer Klinik in Locarno. Respekt für diese Frau!

23 *Das Schloss vor Husum von 1582, hier im Zustand nach 1600*

Das Schloss fiel 1721 am Ende des Herzogtums Schleswig-Holstein-Gottorf an den dänischen König. Der hatte kein Interesse, ließ viel Inventar verkaufen oder z. B. nach Kopenhagen bringen, so aus der Schlosskapelle den einzigartigen Augsburger Silberaltar, von einem Silberschmied aus Augsburg fabriziert, der steht seither im Kopenhagener Dänischen Nationalmuseum. Die Preußen haben 1919 den schönsten Kamin von Henni Heidtrider, den „Todeskampf-Kamin" aus Alabastermarmor, nach Berlin verbracht, ins heutige Bode-Museum; Husum hat seit 1989 nur eine Replik. Westlich steht das Kavaliershaus von 1612, ebenfalls im Backstein-Renaissance-Baustil. Das war das Gästehaus für das Schloss. Ein Schloss repräsentiert die Bedeutung und Macht des Herrschers. Darum gibt es das prächtige Torhaus zum Schloss (Abb. 24) an der Hauptstraße, damals die Abzweigung des Herrenweges von Husum nach Schleswig – Schloss Gottorf, das macht mächtig was her. Nicht nur Backstein oder geometrische Treppengiebel, nein, hier hat sich Henni Heidtrider alle Mühe gegeben, die Blumenranken-Ornamentik aus Sandstein an den Giebeln, Seitenfronten und der Rückseite kunstvoll herauszuarbeiten. Die drei Statuen über dem Portal sind die griechischen Göttinnen Hera, Frau des Zeus, rechts Athene, Schutzgöttin von Athen, Göttin der Weisheit, links Aphrodite, die Göttin der Schönheit – prachtvoll! Heidtrider hat im

24 *Torhaus zum Schloss vor Husum – Steinmetz Henni Heidtrider*

25 *Das Schloss vor Husum heute*

Schloss acht Marmor- und Sandstein-Kamine geschaffen: Fortuna-Kamin, Todeskampf-Kamin, Triumph-Kamin, Amor-Kamin und mehr, fünf sind noch da. In der Hansestadt Hamburg stammte auch das historische Dammtor aus Sandstein von Heidtrider, das ist verschwunden, da steht heute der Dammtorbahnhof.

Das Schloss wird fortlaufend restauriert und renoviert, an altem Mauerwerk ist immer etwas zu machen. In den letzten Jahren wurden alle Holzfenster erneuert, das riesige Dach bekam neue schwarze, beschichtete Pfannen, der historische Barockgarten hinterm Schloss wurde von einer Flensburger Gartenbaufirma sorgsam restauriert, im Frühjahr und Sommer mit allen Rosen und Blumen ist der Barockgarten wieder schön. Der Schlossgraben wird betreut vom Angelsportverein Husum; darin sind viele Karauschen, Minikarpfen. Ab und zu holt sich der Fischreiher einen heraus, den man auf der Westseite oft auf den obersten Ästen eines hohen Baumes sehen kann. Am Schlossgraben wachsen große Pulks von seltenen Japanischen Wasserlilien, dort schwimmen Blesshühner, Enten, Möwen. Und überall krakeelen Hunderte von

Krähen, die sich dort unter Artenschutz wohlfühlen und ihre Freude darüber gerne mitteilen. Auch der Sandsteinbrunnen links vor dem früheren Küchenflügel ist restauriert, ebenfalls von Henni Heidtrider gemacht für die Schlossküche und für Herzogin Augusta von Dänemark, Schwester des großen Dänemark-Königs, verheiratet mit Herzog Johann Adolf von Schleswig-Holstein-Gottorf. Sie war ein richtiges Leckermäulchen. Auf Festbanketts, die sie gern gegeben hat, wurden 18 Gänge serviert, zweimal am Tag, als ein großes gesellschaftliches Ereignis. Im linken Flügel, der historischen Schlossküche, ist heute in alten Gewölben das restaurierte Schlosscafé, eine gute Adresse.

Husum als Handelsstadt – Viehmarkt, Ochsenhandel, Hafen, Mühlen

Unter Husumer Flagge liefen vor 1800 zeitweise bis zu 70 Schiffe mit Handel in Richtung, Ost- und Westfriesland, Holland, Flandern, Brabant, England. Sogar in die Karibik zu den dänischen Jungferninseln. Von dort wurde Zuckerrohr nach Husum bis nach Flensburg mit seinen 50 Rumfabriken verschifft. Zuckerrohr kam von den Jungferninseln, von Sklaven geschnitten, die Husumer Kaufmannsfamilie Woldsen war daran beteiligt und hatte in Husum zeitweise eine Zuckerfabrik. Es gab auch Fischerei, vor 1900 nicht bedeutend, und seit 1660 eine Schiffswerft. Husum hatte reiche Kaufmannsfamilien wie Petersen, Bahnsen, Woldsen, Feddersen, Asmussen, Jürgensen und war die größte Stadt an der Westküste. Dafür sorgte der Vieh- und der Getreidehandel, wichtig war auch Milchwirtschaft, Butter- und Käseerzeugung. Heute wissen wir gar nicht mehr, dass auf Nordstrand und Eiderstedt eine großartige Milchwirtschaft blühte. Dort wurden früher Zehntausende, Hunderttausende Pfund Käse und Butter auf den großen Bauernhöfen produziert, die nannten sich Holländereien, geführt von eingewanderten Holländern.

Exportiert wurde bis nach Frankreich, das steht in den damaligen Zoll-Listen. In Husum gab es schon seit rund 1380 einen Lebendviehmarkt, zuerst auf dem Quickmarkt, da steht jetzt das THEO, später verlegt auf die Breite Straße, heute Großstraße, noch später auf dem Kamp nördlich vom Schlossgrund. Es gab immer mehr Pferde- und florierenden Viehhandel bis nach Holland, Flandern, Brabant, Ost- und Westfriesland. Husum hatte um 1730 bis zu 70 Brauereien, Mälzereien, Wind- und Wassermühlen, drei davon in Dreimühlen (Abb. 26). Die größte war die Graupenmühle von 1748, von der noch das Müllerhaus im Rokoko-Stil steht. Das soll den historischen Kern des neuen Hotels „Alte Graupenmühle" bilden. Am Mühlendamm steht auch noch die alte, mächtige Wassermühle, Jahrhunderte

26 *Dreimühlen, Gemälde von Richard von Hagn, vor 1900*

angetrieben vom Wasser aus dem Mühlenteich, der aufgestauten Mühlenau, heute die Husumer Au. Obendrauf stand bis vor 100 Jahren eine Windmühle, die durch ihr Gewicht die Wassermühle schädigte, abgebaut werden musste und auf Nordstrand als „Engelmühle" wieder errichtet wurde – wo sie bis heute steht.

So sah Dreimühlen damals aus – mit weitem Heideland teils bis an den Horizont. Heute verläuft dort die Husumer B5 und Umgehungsstraße, auch die breite Ostenfelder Straße, seitlich mit Strauchwerk und Bäumen bewachsen, das Müllerhaus daneben kann man von der Straße aus kaum sehen. Dreimühlen ist ein Stadtteil von Husum mit pulsierendem Gewerbegebiet, Supermärkten, Betrieben und Freizeiteinrichtungen. Dahinter, herum

27 *Husumer Viehmarkt „Auf dem Kamp" – hier um 1955*

ums Husumer Stadtgebiet, liegt das alte Mildstedt, bis etwa 1500 Hauptort der Südergoesharde, das sich mehr und mehr ausbreitet. Alle paar Jahre weist Mildstedt ein neues, großes Stück Bauland aus. Das Dorf hat an die 4000 Einwohner, wegen der neuen Wohnviertel und der Nähe zu Husum viele junge Familien. Es wurde 2021 eine neue, dreizügige Grundschule beschlossen. Mildstedt hat ein vorbildliches Naturerholungsgebiet bei Husum, die Mildstedter Tannen mit weitem Grasland an der Husumer Au, um den großen früheren Mühlenteich. Die renaturierte Au läuft wieder als natürlicher Wasserlauf mit krautigen Uferkanten und leichten Mäandern durch die Natur, vorbei an Vieh- und Pferdekoppeln. Das Erholungsgebiet wurde mit EU-Fördermitteln mit einem Netz von Spazier- und Wanderwegen, Teichen, Aussichtsturm, Spielplätzen verschönert, nachhaltig zurückgeholte Natur.
Der Husumer Viehmarkt (Abb. 27) florierte seit der frühen Neuzeit, seine Auftriebszahlen sind seit 1832 lückenlos dokumentiert. Er war vor dem Ersten Weltkrieg der wichtigste und modernste in Deutschland, dafür hat Bürgermeister Gurlitt gesorgt. Zehntausende Ochsen trieb man zum Frühjahrs- und Herbstmarkt durch Husum auf den Viehmarkt nördlich vom Schloss, den Ochsenkamp. Und alles seit 1380 auf dem Quickmarkt, wo heute die Auffahrt zum Einkaufszentrum THEO ist, später sogar mitten in der Stadt, heute die Großstraße, ab 19. Jh. auf dem Kamp. Hinter der Neustadt konnten um 1900 über 6000 Stück Vieh, Ochsen und auch Pferde aufgestallt werden. Die Neustadt gehörte den Viehhändlern, voller Schankwirtschaften mit Logis. Angefangen hat alles vor über 600 Jahren mit dänischem Magervieh, das von Jütland auf einem Netzwerk von Ochsenwegen getrieben wurde, das waren die dänischen Königswege oder „Hærvejen" (Heerwege). Das Vieh wurde von Viborg, Randers, sogar vom Limfjord, auf Viehtriften tagelang nach Süden getrieben. Am westlichen Ochsenweg

lagen Tondern, Leck, Niebüll, Bredstedt und Husum. Von hier kam das Vieh auch von der großen Insel Strand, von Eiderstedt und Norderdithmarschen auf den Husumer Viehmarkt. Dort wurde das Magervieh im Frühjahr auf dem Magerviehmarkt zum Verkauf aufgestellt und von den Käufern in die Fettgräsung gegeben. Auf Marschweiden wuchsen die Ochsen zu „Fettochsen" heran, wurden zum Herbst mit großem Profit auf dem Fettviehmarkt verkauft, auf Ochsenwegen weiter getrieben oder per See verschifft. Husum ist ein Beispiel für Veredelungswirtschaft: Magerochsen wurden mit Grünfutter zu Fettochsen mit bis zu 20 Zentner. Husumer und „Eiderstedter Ochsen" galten bis um 1970 in Deutschland als die besten. Im 19. Jh. war dann für rund 40 Jahre unsere Nachbarstadt Tönning der wichtigste Hafen für Viehexport mit Schiffen nach England, meist nach London. Über Tönning wurden von 1844 bis 1888 jeweils rund eine Million Rinder und Schafe verschifft. Mehrmals die Woche fuhren dänische und englische Schiffe nach London, ab 1872 auch Schiffe der „Tönninger Dampfschifffahrtsgesellschaft". 1888 stoppte England wegen Maul- und Klauenseuche den Viehhandel, aber danach entwickelten sich schnell andere Märkte im Ruhrgebiet und im weiteren Süden, wohin das Vieh per Eisenbahn transportiert wurde. Die Hauptstrecke der Marschenbahn von Hamburg nach Tondern war um 1888 fertig, es gab einen großen Aufschwung. 1894 war die erste Ausstellung für Weidefettvieh. Der Husumer Fettviehmarkt wurde immer größer, mit über 100 000 Stück Vieh im Spitzenjahr 1912. Schlecht war die Zeit 1915 bis 1933: Krieg, Versailler Vertrag, Inflation, als es den deutschen Bauern schlecht ging wegen der Reparations-Lieferungen ans Ausland, noch schlechter war die Zeit der Weltwirtschaftskrise. Unter Hitler wurde der Rinderhandel staatlich geplant. 1949 begann wieder ein Husumer Viehmarkt. Da wurde ein ausrangierter Fliegerhangar des Schwesinger Flugplatzes am

Wasserturm aufgebaut, es gab große Viehmärkte, jährlich 25 000 Stück Vieh. Der Husumer Großviehmarkt war neben Hamburg der wichtigste in Norddeutschland mit Viehhändlern aus ganz Deutschland. Aus Husum wurden im Radio die neuesten Preise durchgegeben: „Nun die neuesten Preisnotierungen vom Viehmarkt Husum mit den Auftriebszahlen". Viehhändler waren achtbare Kaufleute, teils mit langer Familientradition, wie die Familie Harring aus Husum, die bis 1800 noch Vieh zur Hansestadt Lübeck geliefert hat, und deren Nachkommen heute immer noch angesehene Nordfriesen sind.

28 *Haus des Viehhändlers Christian Jacobsen in der Parkstraße*

Damals gab es rund 30 Viehhändler, Harring, Carstensen, Loy usw., auch den Viehhändler Jacobsen aus Husum (Abb. 28), dessen Namensschild man am Haus in der Parkstraße sehen kann. Husum bekam für den Viehmarkt 1963 sogar die erste Verkehrsampel. Wenn das Vieh abgetrieben wurde, mussten die Autofahrer bei Rot lange warten. 1974 war alles vorbei, der Viehmarkt wurde geschlossen. Dafür gab es seit 1965 den neuen Schlachthof am Maas, mit Bahnanschluss am nordwestlichen Stadtrand. Der gehört heute zum dänischen Großkonzern Danish Crown. Dort werden jährlich Zehntausende Rinder und Schweine geschlachtet, ein wichtiger Wirtschaftsfaktor und Arbeitgeber für Hunderte Familien.

29 *Schlossgang: Kupferdeckel eines Sudkessels der Husumer Brauerei*

Der Husumer Schlossgang

Die alte Herrenhaus-Brauerei im Schlossgang wurde von Theodor Storm verewigt in seiner Novelle „Im Brauerhause", da geht es um Konkurrenz zwischen zwei Bierbrauerfamilien. Die eine streut das gemeine Gerücht aus, dass in der anderen Brauerei, die Herrenhaus-Brauerei ist gemeint, ein abgeschnittener Daumen im Sudkessel gefunden wurde. Und was passiert? Keiner kauft mehr das Bier, die Brauerei muss aufgeben, der Brauer verliert seine Existenz. Heute wäre das Mobbing unter Geschäftsleuten.

Zwischen dem Schloss vor Husum und dem Marktplatz läuft seit der Zeit, als an der Stelle des Schlosses ein Franziskanerkloster stand, der Schlossgang, der zuerst anders hieß. Die Franziskanermönche, die Grauen Brüder, hatten sich zwischen Kloster und Markt einen Weg ausbedungen, durch den sie ungestört zum Marktplatz kamen. Dieser blieb nach Abriss des Klosters und Errichtung des Schlosses 1582 bestehen und wurde vor rund 40 Jahren nach Abriss der alten Herrenhaus-Brauerei aufwändig

restauriert, als Fußweg mit Appartmenthäusern in bürgerlichem Stil mit Dienstleistungen aller Art. Ein Stück des Schlossgangs hinauf sieht man an der Wand einen gewaltig großen Roggenmühlstein von Dreimühlen (Abb. 30), der erinnert an Husums große Zeit. Man kann es kaum glauben, aber Husum hatte über 70 Wind- und Wassermühlen, Brauereien, Brennereien und Mälzereien. Nachdem die Herrenhaus-Brauerei von 1770 die Pforten geschlossen hatte, um 1970, blieben viele unansehnliche Gebäude. In einer großen Umgestaltung wurde dann der Schlossgang in den heutigen Zustand gebracht, mit einem denkmalgeschützten Rest der historischen Herrenhaus-Brauerei, mit dem „Alten Brauereiplatz", der Schlossbuchhandlung, mit einem Nordfriesischen Teehaus und dem sehr netten „Jaquelines Café". Bereichert und belebt wird der Schlossgang mit vielen traditionell bürgerlich anmutenden, zwei- und dreistöckigen Wohnhäusern und Balkonen, neu erbaut, aber mit dem Gesicht einer alten Bürgerstraße als Fußgängerzone mit Natursteinpflaster, vielen kleinen Kaufläden. Besuche man nur den Schlossgang, man wird dort gerne bummeln, am Alten Brauereiplatz verweilen, dort Kaffee oder Tee trinken, ein Stück Kuchen essen.
Der Architekt dafür war der bekannte Husumer Architekt Jochem Feddersen, der verheiratet war mit Christel Sörensen, eine Tochter des in Husum angesehenen Fischhändlers Eduard Sörensen, siehe unten „Ede-Sörensen-Stiftung". Der hatte eine große Fischräucherei am Schulwald, dem nördlichen Stadtrand von Husum.
Bis um 1970 war an der langen Ostseite des Schlossganges die Husumer Herrenhaus-Pils-Bierbrauerei. Die ist ja viel früher nach dem Herrenhaus am Markt benannt worden und gehörte seit 1895 der Familie Clausen Fuglsang. Die Fuglsangs sitzen heute wieder in Dänemark und sind Eigentümer von Carlsberg-Bier und deutschen Biermarken. Die Brauerei stand damals direkt hinter

dem Herrenhaus von 1431, wurde 1770 gegründet als Braunbierbrauerei der Brauerfamilie Homann. Auf dem „Alten Brauereiplatz" im Schlossgang drehten früher die Bierkutschen und Lastwagen, von denen die Bierfässer durch eine große Luke in den Brauereikeller gehievt wurden. Dort gegenüber von Jaquelines Café kann man über einem Portal den halben Kupferdeckel eines Sudkessels sehen, über dem Kellerfenster oben an der Wand (Abb. 29). Das ist ein Symbol für die Herrenhaus-Brauerei. Dort befindet sich heute der Kulturkeller. Wenn man dort die steinernen Treppen hinabsteigt, ist man im Gewölbe, wo früher das Bier gebraut wurde und in gewaltigen Eichenfässern lagerte. 70 Meter der Ostseite des Schlossganges sind unterkellert und ebenfalls unter Denkmalschutz. Ein Teil der vormaligen Brauerei ist noch ein Stück weiter zum Markt hin zu sehen. Dort sieht man über einem Feldsteinfundament in der Wand ein paar grüne Holzluken, früher für Gerste, Hopfen und Malz. Eben darunter liegt der historische Herrenhaus-Keller. Dort können wohl bis zu 50 Leute an mächtigen Eichenholztischen auf Eichenholzstühlen inmitten alter Bierfässer sitzen und sich mit Essen und Trinken vom Ratskeller bedienen lassen. Einmal im Jahr kommen dort die letzten Mitarbeiter der Herrenhaus-Brauerei zusammen. Gegenüber wohnen Walter Johannsen und seine Frau Christel. Er ist einer der letzten Bierkutscher der Herrenhaus-Pils-Brauerei und kümmert sich ehrenamtlich um den historischen Herrenhaus-Keller und um den schmucken Garten hinter der Ziegelsteinmauer, hinter der sich der Garten zum Schlossgang hin versteckt. Walter Johannsen weiß gut über die Historie der Brauerei Bescheid. Warum wurde früher so viel mehr Bier getrunken? Erstmal hatte das Bier weniger Alkohol, das haben auch Kinder getrunken. Und Bier war nach dem deutschen Reinheitsgebot gebraut, man konnte es ohne Angst trinken, Wasser war dagegen oftmals schmutzig.

30 *Ein Roggenmühlstein im Schlossgang von 1740 aus Dreimühlen*

Husums berühmte Töchter und Söhne

Husums Söhne, das waren um 1500 der Holzschnitzer Hans Brüggemann, der hochgeachtete Minister Magnus Wedderkop, um 1700 in Diensten der Schleswig-Holstein-Gottorfer Herzöge, dann der Glockengießer Armowitz, Zunftmeister der bedeutenden Glocken- und Bronzegießergilde, der Dichter und Advokat Theodor Storm, Soziologie-Professor Ferdinand Tönnies, der Bildhauer Adolf Brütt, der Diamantenhändler Ludwig Nissen, dem Husum so viel zu verdanken hat. Noch ein Sohn Husums war Hermann Tast, katholischer Priester; nach 1524 predigte er lutherisch an der St.-Marien-Kirche Husum. 1527 hat er die erste Husumer Gelehrtenschule (Abb. 31) begründet, wo Husumer Jungs aus der gehobenen Bürgerschicht und aus anderen angesehenen Familien Latein und Griechisch, aber auch Hebräisch gelernt haben, wie der oben genannte Magnus Wedderkop, Theodor Storm, Ferdinand Tönnies oder einige Jahre ab 1867 Rudolf Eucken, Lehrer der Gelehrtenschule und 1908 Nobelpreisträger. Husumer Kaufleute und Handwerksmeister schickten ihre Söhne einige Jahre auf die Gelehrtenschule, bis sie nach der Konfirmation zu Hause im Betrieb ihre Ausbildung machen und dann in die Fußstapfen des Vaters treten konnten. So steht das auch in Theodor Storms Novelle „Böttjer Basch", die in Husums Süderstraße bei der Gelehrtenschule spielt. Diese stand östlich der Marienkirche und wurde nach der Dänenzeit 1865 abgerissen, war baufällig und zu klein geworden. Husum erhielt 1867 die neue Gelehrtenschule an der Süderstraße schräg gegenüber, als königlich-preußisches Gymnasium, später die Hermann-Tast-Schule, ein Geschenk vom damals regierenden preußischen Staat. Diese Schule wurde um 1968 zu klein. Eine neue, größere Hermann-Tast-Schule wurde 1971 südlich vom Bahnhof gebaut, mit großen Sportplätzen und Außenanlagen, Fachräumen, Parkplätzen, Theaterzentrum und mit einem neuen, klimatisierten Bau für die wertvolle Bibliothek mit einem historischen Bestand schon ab dem ausgehenden Mittelalter um 1500 und der Folgezeit. Dafür hat ein früherer Schüler seiner alten Schule wohl rund eine Million DM gestiftet. Die alte Schule wurde dann 1971 für kurze Zeit eine zweite Realschule, „Realschule Süd", die ein paar Jahre später einen Neubau an der Flensburger Chaussee erhielt, die Ferdinand-Tönnies-Schule. Die frühere Gelehrtenschule stand einige Jahre leer und nahm Schaden – die wertvollen bunten Glasfenster der Aula wurden von Rowdys eingeworfen, die wertvolle alte Marcussen-Orgel in der Aula ist verschwunden, wo Generationen von Gymnasiasten jeden Montagmorgen zu Andachten zusammenkamen. Dann aber kaufte ein Hamburger Hotelier das Bauwerk und ließ es zum Fünf-Sterne-Hotel Altes Gymnasium umbauen – ein Vorzeigeobjekt. Das war Max Böttcher, dessen Vater über 50 Jahre vorher Lehrer an der Gelehrtenschule war. Das Hotel wurde ein Schmuckstück – die alte Turnhalle wurde eine große Rezeption mit den Büsten der griechischen Philosophen Sokrates, Plato und

ausgesuchten Möbeln – aus der alten Gelehrtenschule. Aus der neuen Turnhalle von 1955 entstand ein Spa, damals etwas Besonderes, mit Sauna, Schwimmbad, italienischen Mosaiken, für die Mosaikleger wahrhaftig aus Italien angeworben wurden.
Ein renommierter Gehirnforscher war Oskar Vogt (1870–1959), Sohn eines Husumer Pastors der Marienkirche aus der Süderstraße, der Neurologie-Professor wurde, befreundet mit Ferdinand Tönnies. Er war verheiratet mit der französischen Gehirnforscherin Cécile Vogt, arbeitete ab 1898 mit ihr zusammen Jahrzehnte an mehreren neurologischen Instituten und durfte 1925–1927 als einziger Gehirnforscher und externes Mitglied der UdSSR-Akademie der Wissenschaften das Gehirn von Lenin sezieren – in Moskau. Er gehörte zu den „Linken" und wurde 1937 bei den Nazis als Leiter eines Gehirnforschungsinstituts denunziert, wäre aber sogar für den Nobelpreis in Medizin in Frage gekommen, was die Nazis hintertrieben. Nach dem Krieg arbeitete er weiter als international geachteter Gehirnforscher an der Deutschen Akademie der Wissenschaften in Berlin. Seine Wünsche nach Gehirnforschung an Nürnberger NS-Häftlingen wurden nicht berücksichtigt. Sein Geburtshaus in der Süderstraße sollte vor 40 Jahren abgerissen werden, was nach Bürger-Einsprüchen scheiterte; eine Gedenktafel am Haus erinnert an ihn, den großen Sohn Husums.
Als Lithografen und Autoren berühmt wurden zuerst Caspar D. Danckwerth und Johannes Mejer, die die 1652 erschienene „Neue Landesbeschreibung der zwei Herzogtümer Schleswig und Holstein" herausgaben, ein einzigartiges Kartenwerk, damals eines der besten Nordeuropas.
Berühmte Maler sind Richard von Hagn, Albert Johannsen und Ingwer Paulsen, der aus Halebüll stammte.
Husums Frauen sind z. B. Franziska zu Reventlow, geb. 1871 im Schloss, Tochter des Landrats Graf zu Reventlow, später Boheme-

Künstlerin in Berlin und München. Sie hat sich als Gräfin nicht um die Etikette gekümmert, hatte einen Sohn, dessen Vater sie nicht erwähnte, und bekam den Beinamen „Skandalgräfin". Sie sorgte dafür, dass ihr einziger Sohn den Kriegsdienst im Ersten Weltkrieg verweigerte. Damit wurde er schlagartig berühmt in Frankreich und England, musste in die Schweiz ins Exil und kam nach 1918 nach München, wo er in der SPD Karriere machte. Seine Onkel, die Söhne des Landrats Graf zu Reventlow, seines Großvaters, machten in der Nazizeit eine NSDAP Karriere.

Margarete Böhme (geb. Feddersen, 1867–1939) aus der Langenharmstraße, Schülerin der Husumer „Höhere Töchter-Schule" von Sophie Jacobsen, wurde bekannt mit einem umfangreichen Werk sozialkritischer Romane wie dem „Tagebuch einer Verlorenen" von 1905 mit 1,2 Millionen Auflage. Es war das meistverkaufte deutsche Buch vor 1933 und als „Diary of a lost girl" 1929 vom deutschstämmigen Regisseur Georg Papst in den USA verfilmt. Böhme gilt als bedeutende Autorin der Kaiserzeit und Weimarer Republik. Eine Gedenktafel am Elternhaus in der Langenharmstraße erinnert an sie, ebenso der „Margarete-Böhme-Jugendkulturpreis" aus Nordfriesland von 2020 – für Nachwuchs-Kulturschaffende, der 2021 erstmals verliehen wurde.

Um Husums Töchter verdient machte sich Sophie Jacobsen, die am Marktplatz am Tine-Brunnen auf der Westseite unter dem Standbild in Granit ausgehauen als knieende Frau von Mädchen umgeben verewigt ist. Sie sorgte als Volksschullehrerin für eine bessere Schulbildung der Mädchen, gründete 1866 mit 37 Jahren eine höhere Töchterschule, aus der später das Theodor-Storm-Lyzeum für Mädchen hervorging. Die Hermann-Tast-Schule war bis etwa 1968 Jungs vorbehalten. Als der Verfasser bis 1966 die Schule besuchte, gab es nur zwei Frauen dort, die Sekretärin und die Hausmeisterfrau. Später setzte sich überall die „Koedukation" durch.

„Gasthaus zum Ritter St. Jürgen" und noch mehr altehrwürdige Häuser

Die St. Jürgenskirche ist der zweitälteste evangelische Kirchen-Neubau nach der Reformation in Deutschland. Die Kirche ist Teil des St. Jürgenshospital – Gasthaus zum Ritter St. Jürgen, im 15. Jahrhundert als Seuchenkrankenhaus von den Herzögen gestiftet, heute ein Seniorenstift. In Husum sagt man Kloster, weil da nach der Reformation die Franziskanermönche unterkamen. Sie wurden aus dem Kloster, dem Vorgängerbau des Schlosses, 1530 vertrieben und mussten sehen, wo sie blieben. Das Gasthaus zum Ritter St. Jürgen wird seit dem 17. Jahrhundert ehrenamtlich verwaltet vom Speisemeister, das ist der Klostervorsteher, und mit ehrenamtlichen Helfern. Die Ernennung darf man nicht ablehnen, es gilt als ein herausragendes Ehrenamt. Auch Theodor Storms Sohn Ernst war Klostervorsteher. Dazu gehören die Klosterhexen, traditionell sechs tugendhafte Jungfrauen, besser gesagt Jungmädchen. Auf dem ehrwürdigen alten Kirchhof von St. Jürgen (Abb. 32 und 34) dort liegen nicht nur Theodor und Constanze Storm und Catharina Asmussen, auch andere Bürger aus alten Husumer

31 *Frühere Gelehrtenschule, seit etwa 1980 „Hotel Altes Gymnasium"*

32 *Grabstein 1868 Anna Catharina Asmussen – St. Jürgenskirchhof*

33 *Wohnhaus 1846–1852 von Familie Constanze u. Theodor Storm*

34 *Gasthaus zum Ritter St. Jürgen – mit Woldsen-Storm-Familiengruft*

Familien, wie in ihrer Familiengruft von 1807 die Woldsens und der Buchhändler Delff. Dazu gehören das Seniorenstift Gasthaus zum Ritter Sankt Jürgen und die St. Jürgenskirche, verewigt in Storms Novelle „In St. Jürgen".

Zu den Sehenswürdigkeiten zählt auch das Woldsen-Haus von Theodor Storms Großvater in der Hohlen Gasse (Abb. 59), dann das Haus Theodor Storms und seiner Frau Constanze auf der Neustadt 56 (Abb. 33). Auch das Haus in der Wasserreihe 30 (Abb. 47) gehört dazu, in dem Storm mit seiner zweiten Frau Dorothea von 1866 bis 1880 wohnte. Heute ist dort das Theodor-Storm-Museum, das 1974 auf Initiative des langjährigen Leiters Karl Ernst Laage, Lehrer an der Hermann-Tast-Schule, von der Stadt gekauft wurde und der Theodor-Storm-Gesellschaft zur Verfügung steht.

Von 1864 bis 1866 wohnte Storm als neu gewählter Landvogt mit seiner Frau Constanze in der Süderstraße in einem Patrizierhaus – dort starb die junge Mutter von sieben Kindern mit 39 Jahren.

Das Storm-Haus in der Wasserreihe wurde gebaut um 1450 als Kaufmannshaus, mit Kellergewölben und Dachspeicher für

Getreide, erweitert 1730 in der Rokoko-Zeit. Constanze starb 1865 nach der zwölften Schwangerschaft und der glücklichen Geburt ihres siebenten Kindes an Kindbettfieber, und Theodor war plötzlich Witwer mit sieben Kindern. Er hat 1866 seine zweite Frau, Dorothea Jensen, geheiratet, eine Freundin von Constanze. In der Süderstraße ein Stück weiter östlich liegt der Schützenhof, in Theodor Storms Novelle „Pole Poppenspäler" kommt der Schützenhof mit seiner damaligen Bühne vor. Das Ansehen wert ist auch das Haus Neustadt 56, wo Storms erste Novelle, „Immensee", geschrieben wurde und die junge Familie Storm 1846 bis 1853 gewohnt hat (Abb. 33). Nach Abschaffung des friesisch-dänischen Landvogt-Amtes 1868 durch die Preußen war Storm bis 1880 Amtsrichter im Schloss unter dem preußischen Landrat Graf zu Reventlow.
Wichtig ist der Schlossgarten, der im 17. Jh. einer der zehn schönsten Barockgärten in Norddeutschland war. Einzig der Schleswiger Barockgarten vom Schloss Gottorf war noch berühmter und galt als herausragendes Beispiel barocker Gartenarchitektur in Nordeuropa – mit dem einzigartigen begehbaren Globus in dem extra dafür geschaffenen Globushaus.

35 *Ostenfelder Bauernhaus von 1570, Freilichtmuseum in Husum seit 1899*

Ein Stück weiter Richtung Stadt liegt das „Scharfrichterhaus". Dort wohnte die Scharfrichter-Familie Möller rund 200 Jahre bis nach 1700 – mit Folterkeller, der aber heute nicht mehr gebraucht wird, was für ein Glück. Das Scharfrichterhaus, Ecke Plan/Osterende, ist heute ein Café mit Bäckereiladen und steht unter Denkmalschutz. Zudem gibt es noch den „Tine-Brunnen" auf dem Markt, der an Catharina Asmussen und August Friedrich Woldsen erinnern soll, die beide keine Kinder hatten und 1859 den mächtigen „Roten Haubarg" mit viel bestem Land und einer großen Geldsumme der Stadt Husum gestiftet haben. August Friedrich Woldsen verdankt Husum auch das „Woldsenstift" von 1866. Theodor Storms Vater, der Rechtsanwalt und Advokat Johann Casimir Storm, hat 1859 die Asmussen-Woldsen-Stiftung juristisch geregelt, denn er kam ja sozusagen aus der Familie, war mit Lucie Woldsen verheiratet. Der Asmussen-Woldsen-Gedächtnisbrunnen, genannt Tine-Brunnen, ist das Wahrzeichen Husums und ein Werk des Bildhauers Adolf Brütt, 1902 errichtet zum 300-jährigen Stadtjubiläum als Marktbrunnen. Genau dort hat bis 1807 der riesige, zeitweise über 100 Meter hohe Turm der alten Marienkirche gestanden, die 1807 abgerissen worden war. Der berühmte Bildhauer Adolf Brütt schuf auch 1898 das Theodor-Storm-Denkmal im Schlossgarten (Abb. 36) zum zehnjährigen Todestag Storms. Vierzehn Bäume – am 14. September war Storms Geburtstag – wurden damals als kleine Bäumchen gepflanzt, nun kann man einmal sehen, wie die Bäume seitdem gewachsen sind. Adolf Brütt hat Storm nicht persönlich gekannt, hat nur eine Fotografie Theodor Storms als Vorlage verwendet. Familie Th. Storm war eine der ersten, die oft zum Fotografen gelaufen ist, es gibt viele Bilder aus der Zeit um 1840–1855, als die Fotografie, die hieß zuerst noch Daguerreotypie, gerade in Mode kam. Außerdem hat Adolf Brütt, der eine eigene Bildhauerschule in Dresden führte, nach der

Verleihung des Literatur-Nobelpreises an Theodor Mommsen 1902 das Theodor-Mommsen-Bronzedenkmal in der Berliner Humboldt-Universität geschaffen, auch Denkmäler in Berlin, Flensburg, Kiel. Vor dem Kieler Rathaus steht eine Statue aus Bronze, der „Schwertstreiter", von Adolf Brütt.

Die alte Zingelschleuse der Husumer Au am neuen Rathaus als erste Schleuse aus dem 15. Jahrhundert, neu aufgebaut 1858 in der Dänenzeit von König Frederik VII., lohnt sich anzusehen. Lohnenswert ist das einmalige Trockendock an der Dockkoogstraße, Außenhafen, eines der ältesten, noch funktionsfähigen Trockendocks der Welt – in unserer kleinen Stadt Husum. Wenn das nichts ist!

Eine weitere Sehenswürdigkeit: Das große Nordfriesland Museum im Nissenhaus, Stiftung von Ludwig Nissen und seiner Frau 1925. Das Nissenhaus wurde 1937 eingeweiht (Abb. 45), ausgestattet mit einmaligen Sammlungen zur Geschichte Nordfrieslands, zu Deichbau und Küstenschutz und zur bildenden Kunst aus Fotografie, Malerei und Bildhauerei. Allein die Nissen-Sammlung zeitgenössischer,

36 *Theodor-Storm-Denkmal 1898 des Husumer Bildhauers Adolf Brütt*

US-amerikanischer Malerei des ausgehenden 19. Jahrhunderts bis etwa 1920 ist einzigartig. Dazu gehören Hunderte Bilder, die auch nach 1925 für die Stiftung erworben wurden, auch im Schloss. Der langjährige Vorsitzende der Nissenstiftung, Dr. Ulf von Hielmcrone, 2020 verstorben, hat sich gemeinsam mit seiner verstorbenen Frau Annegret von Hielmcrone, geb. Marcussen, Eigentümerin der Buchhandlung Delff, Jahrzehnte in Politik und Ehrenämtern für die Bewahrung des Husumer Stadtbildes eingesetzt und damit Kultur und Stadtbild Husums maßgeblich gestärkt. Husum und die Nissenstiftung haben ihnen sehr zu danken.
Husum hat das erste Freilichtmuseum Deutschlands, das Ostenfelder Bauernhaus von um 1570 (Abb. 35). Das wollten die Dänen der letzten Besitzerin, Frau Heldt, abkaufen für das erste dänische Freilichtmuseum Lyngby in Kopenhagen. Aber der Husumer Magnus Voß, Lehrer an der Gelehrtenschule, hat mit Gleichgesinnten das Haus für 2800 Reichsmark den Dänen vor der Nase weggeschnappt. Das wurde in Ostenfeld abgebaut, 1899 mit Hilfe der Asmussen-Woldsen-Stiftung auf dem Gartengrund von August Friedrich Woldsen am Westfriedhof wieder aufgebaut und 2016 aufwändig renoviert: neues Reetdach, teilweise neues Eichenständerwerk und Ziegelstein-Fußböden. Dieses Niedersächsische Fachhallenhaus hat ein Ständerwerk aus rund 50 Eichenstämmen aus der Zeit von 1500. Da kann man viel über Leben und Wohnen und die Arbeitswelt der Bauern zwischen 1570 und etwa 1850 sehen: die offene Feuerstelle ohne Schornstein, Alkoven – Wandbetten, Ostenfelder Stühle mit Binsenflechtwerk, Werkzeug, landwirtschaftliche Geräte. Es gibt auch viel zu sehen über die Lebens- und Arbeitswelt unserer Vorfahren. Der kleine Bauerngarten zeigt typische Buchsbaumhecken, viele Blumen und Heilkräuter, alle mit Namensschildern und auch alte Apfelbäume. Vis-à-vis liegt das oben erwähnte Woldsen-Stift (Abb. 37).

37 *Witwenstift von August Friedrich Woldsen 1866*

Das Witwenstift ist 1866 von A. F. Woldsen, dem Onkel von Theodor Storm, für die Witwen von Handwerkern gestiftet worden, als Erweiterung eines vormaligen Wohnhauses. Es ist ein stattliches Friesenhaus mit Reetdach, vor wenigen Jahren akkurat renoviert, allein das Dach für 260.000 Euro. Dieses Haus war für einige Jahre eine stationäre Kurzzeitpflege. Dann war das Haus ein Hospiz und das Hospizbüro. Das Haus untersteht dem Denkmalschutz, wird seit dem Umbau nach der Hospiznutzung von jungen Leuten bewohnt, die beim Theodor-Schäfer-Werk der Diakonie arbeiten und ausgebildet werden. Das Haus am Rand des historischen großen Woldsengartens stammt aus der Zeit um 1740. Wir kennen es aus der Storm-Novelle „Die Söhne des Senators", in der es um den Streit zweier Kaufherrensöhne um den ererbten Garten ihres Vaters geht – Familienzank als Novellenstoff, ein altes Thema bei Erbschaften. Hinten im Buch sind noch zwei andere alte Bauernhäuser Husums abgebildet, der Harringhof von Osterhusum und der Poggenburg-Hof von Rödemis (Abb. 65 und 66). August Friedrich Woldsen hat sein Haus 1866 der Stadt Husum gestiftet. Woldsen war ein Onkel Theodor Storms, der als Kaufmann in Hamburg viel Geld verdient hatte. Dieser Woldsen und seine Kusine, Catharina Asmussen (Abb. 32), haben 1859 ihrer Heimatstadt Husum einen Berg Geld, Land und Häuser gestiftet, wozu auch der „Rote Haubarg", damals Alleinbesitz von Catharina Asmussen, bei Witzwort gehört, mit rund 150 Hektar bestem Marschland. Der Rote Haubarg ist verpachtet im Stiftungsbesitz der Asmussen-Woldsen-Stiftung in Husum. Heute ist der Haubarg ein Kulturdenkmal friesischer Bauernhofkultur, Gasthaus und Restaurant mit Landwirtschaftsmuseum in der riesigen „Gulf" unter dem mächtigen Eichenständerwerk. Er wurde 2015 innen und außen umfänglich restauriert – mit neuem Reetdach und nachfolgenden Gestaltungen der Gartenanlage, bezahlt durch die Stiftung Nordfriesland und öffentliche Zuschüsse, es ist nun einer der schönsten Haubarge der Frieslande. Auf Eiderstedt sind noch weitere sehr schön erhalten.

Bahnhöfe und Banken

Husums erster Bahnhof wurde 1854 fertig, der heißt im Volksmund Englischer Bahnhof (Abb. 38) und liegt versteckt westlich des Bahndammes hinterm Hauptbahnhof, gegenüber dem Polizeigebäude in der Poggenburgstraße. Dieser Bahnhof wurde gebaut 1854 im Auftrag Dänemarks von einem englischen Bauherrn für den Viehtransport nach Tönning und den Import von Steinkohle über die Bahnlinie Tönning–Husum–Flensburg. Damals war das eine große Ingenieursleistung und wichtig für Husums Viehmarkt. Damit war nach über 500 Jahren die Zeit der Viehtriften zu Fuß von Jütland nach Süden vorbei.

38 *Englischer Bahnhof 1854 – erster Husumer Bahnhof*

Der Marschenbahnhof Husum, heute Hauptbahnhof, wurde 1912 fertig gebaut für die Bahnlinie von Hamburg nach Tondern, ab 1927 über den Hindenburg-Damm nach Sylt. Früher kam man per Schiff von Hoyer nach Munkmarsch auf Sylt.

38 a *Nordbahnhof – früher Güterbahnhof, zweiter Husumer Bahnhof*

Dazu zählt auch der Nordbahnhof oder Güterbahnhof an der Deichstraße, von dem bis 1971 viele zehntausend Ochsen mit Güterzügen verfrachtet worden sind (Abb. 38 a). Der Nordbahnhof wurde nach Eröffnung des Marschbahnhofs 1912 als Personenbahnhof stillgelegt, blieb aber Verladebahnhof für Vieh und für den Viehmarkt bis etwa 1965. Der Nordbahnhof wurde in den letzten Jahren mit viel Geld, die Husumer reden von rund 650.000 Euro, von der Bundesbahn restauriert, dort ist jetzt die Verwaltung der Bahn. Vorm Bahnhof entlang verläuft nun die Husumer innerstädtische Ringstraße als Abzweig der B5.
Auf der Neustadt steht die frühere Schleswig-Holsteinische Bank, aus der die „Schleswig-Holsteinische und Westbank" entstand (Abb. 39). Dort läuft ein kurzer Weg rund 50 m zum Westfriedhof, 1572 erstmals belegt, auf dem viele bekannte Husumer ihre letzte Ruhestätte haben, auch Bürgermeister Emanuel Gurlitt. Der hat dafür gesorgt, dass Husum 1887/88 den Viehmarkt auf dem Kamp bauen ließ. Um 1900 war das der modernste Viehmarkt Deutschlands mit rund 6000 Stellplätzen, eisernen Anbindevorrichtungen und Klinkerpflaster zur besseren Hygiene und Reinigung bei all dem Kuhmist. Damals gab es noch schlimme Viehseuchen wie die Maul- und Klauenseuche, vor der die Bauern und Viehhändler sich sehr hüten mussten, denn sie konnten den Viehhandel zum Erliegen bringen und Existenzen vernichten. Gurlitt wurde wegen seiner Leibesfülle „schwerster Bürgermeister Deutschlands" genannt. Er hat sehr viel Gutes getan für Husum. In seine Zeit fiel 1888 das von England erwirkte Ende des Viehexports über Tönning nach England mit einer Reihe von Schiffen sowohl englischer Eigner als auch von der Tönninger Schifffahrtsgesellschaft. 1888 war ein harter Schnitt, aber zum Glück waren schon neue Märkte für unser nordfriesisch-dänisches Rindvieh gefunden: Das Ruhr- und Rhein-Main-Gebiet, wo Millionen Menschen per Bahn mit Fleisch

39 *Schleswig-Holsteinische Westbank – heute Theodor Storm Hotel*

versorgt wurden, aus den Mastgebieten Nordfrieslands, über den Husumer Nordbahnhof und Tönning nach Hamburg und weiter nach Süden bis in die Schweiz. Auf der Neustadt war bis 1914 die wichtigste deutsche Bank für den Viehhandel, die Schleswig-Holsteinische Westbank (Abb. 39). Dort liefen zu den Viehmarktwochen Zigtausende, ja Millionen Speciesdaler und Reichsmark über die Tresen. Heute ist da das Theodor Storm Hotel, Vier-Sterne-Hotel der Best Western-Hotelkette, mit dem großen, beliebten Husumer Brauhaus daneben. Das Schleswig-Holstein-Wappen über dem Sandsteinportal und die Friesenkogge oben im Giebel sind sehenswert, darüber die Sonne, die Nordfriesland lacht, ganz oben der Windgott Äolus als Schutzpatron der Segelschifffahrt! Wie heißt es in einem Rummelpott-Lied: „Kummt en Schipp vun Holland an, bringt uns moien Wind!" „Moi" heißt schön, darum sagen wir MOIN – das heißt „Moien Dag".
Die Bank erhielt um 1900 ein größeres Bankhaus auf dem Zingel, in dem später eine Filiale der Landeszentralbank untergebracht war –

heute das Schifffahrtsmuseum Nordfriesland (Abb. 40). Im Schifffahrtsmuseum sind umfangreiche Sammlungen zu den Themenkreisen Segelschiffe, Dampfschiffe, Fischerei, Wal- und Robbenfang, Kriegsmarine, Hafen, Tonnen- und Bakenwesen ausgestellt. Ein Besuch lohnt sich, man wird staunen, das verspreche ich! In einer klimatisierten, gläsernen Halle auf der Museumsrückseite liegt ein Getreidefrachtschiff, 17. Jahrhundert, mit Millionenaufwand geborgen, zunächst in Zuckerwasser konserviert, damit das weiche Holz nicht zerfällt. Das hat man bei Deichbauarbeiten am Uelvesbüller Deich ausgegraben. Eine archäologische Sensation, darum wurde das Schiff konserviert und ausgestellt. Das Museum wird privat geführt von Familie Cohrs und von einem großen Freundeskreis unterstützt. Husum hat aus der Zeit um 1910 eine Reihe schöner Jugendstil-Häuser in der Hohlen Gasse, Nordbahnhofstraße, Brinkmannstraße, das frühere Geschäftshaus der Firma Topf (Großstraße, heute CJ Schmidt), das frühere Georg C. Hansen-Haus in der Norderstaße (heute Husumer Nachrichten) und weitere.

40 *Schifffahrtsmuseum Nordfriesland – Stiftung der Familie Cohrs*

Die Krämerstraße zwischen Markt und Schiffbrücke

Zwischen Markt und Schiffsbrücke läuft die Krämerstraße. Die fängt an mit der ältesten Apotheke Husums, der „Herzoglich Privilegierten Einhorn-Apotheke" von 1613, hab ich oben schon vorgestellt. An der Ecke gegenüber haben wir das Schuhhaus Mader, das war bis etwa 1960 noch auf dem alten Husumer Busbahnhof Rote Pforte und kam dann an die Ecke Markt-Krämerstraße. Da hatte früher die Seniorchefin Frau Mader das Regiment, die hatte alles unter Kontrolle, „snackte fix Plattdüütsch". Und wenn der Donnerstag kam, Husumer Markttag, dann kommandierte Frau Mader alle Verkäuferinnen, wenn viel Kundschaft war, und sagte gerne: „Nu seht to un sitt sik nich de Moors breed – Mien Gott, nu kamen de Pellwormers, wo schall dat blots warrn, Pellwormer Fööt in Pariser Schoh!"

Über dem Eingang vom Schuhhaus Mader ist immer noch ein Sandsteinfries zu sehen, mit einem Barock-Sinnspruch, der uns zu denken geben soll: „Geliek as Rook un Stoff verswindt, also sünd ok de Minschenkind". Hochdeutsch: „Gleich so wie Rauch und Staub verschwindet, also sind auch die Menschenkinder". Dieser Spruch steht auch in Theodor Storms Novelle „Aquis submersus", die großenteils in Husum und Drelsdorf spielt. Es lohnt sich, die Novelle zu lesen. Es geht um Konflikte zwischen dem bürgerlichen Maler Johannes aus Husum und seiner Liebsten, Katharina, eine Adelige, die er nicht heiraten kann. Katharinas Vater hätte das wohl geduldet, aber ihr Bruder stellt sich nach dem Tod des Vaters gegen den bürgerlichen Maler Johannes und möchte seine Schwester mit einem ihr völlig unangenehmen Junker verkuppeln. Er bringt Johannes fast um. Der Maler geht für fünf Jahre zur weiteren Malerausbildung nach Amsterdam, weiß aber nicht, dass Katharina ein Kind von ihm erwartet. Nach fünf Jahren kehrt er zurück. Da ist Katharina in Drelsdorf mit dem neuen Priester verheiratet. Der Priester hat sie trotz ihres unehelichen Kindes zur Frau genommen. Er liebt das Kind des Malers Johannes, der das nun erst erfährt. Das Tragische: Das Kind ertrinkt durch die Schuld des eigenen Vaters: „Culpa patris aquis submersus" – „Durch Schuld des Vaters im Wasser ertrunken". Der Maler muss sein eigenes Kind auf dem Totenbett malen, er schreibt den lateinischen Satz „Culpa patris aquis submersus" unter das Bild. Eine große Novelle des 19. Jahrhunderts.

In Drelsdorf, in der prächtigen Kirche St. Marien und St. Johannis, einer Friesen-Feldsteinkirche von 1200, sieht man das so genannte Bonnix-Epitaph mit dem Bild eines Kindes und dem Satz: „Incuria servi aquis submersus" – „Durch Schuld des Knechts im Wasser ertrunken". Das Epitaph wurde Theodor Storm 1873 von seinem Schwager gezeigt, dem Pastor Feddersen, und dieses Epitaph wurde Hauptmotiv für Storms Novelle, auch als Anklage gegen den Adel, der sich willkürlich über tüchtige Bürger erhebt.

In der Krämerstraße kann man viele Läden finden, z.B. Buchhandlung Liesegang, Drogerie Douglas, Blumen, ein Geschäft für Strickwolle – und das große C. J. Schmidt Textilhaus, oben schon vorgestellt. Da zweigt nach rechts Richtung Großstraße die Twiete ab, ein enger Gang „zwischen den Häusern" – plattdeutsch Twiete. Da hatte früher der Senator Christian Friedrich Feddersen, Husumer Patrizier und Urgroßvater Storms, sein großes Haus mit Lager und Kontor.

Das Feddersen-Haus spielt in Theodor Storms Novelle „Carsten Curator" eine Rolle, in der es um einen Vater-Sohn-Konflikt wegen des Sohnes Trunksucht geht – der Sohn bittet oft um Geld. Der Vater hilft ihm zuletzt nicht, die Zeiten sind schlechter, ihm ist sein ehrenwerter Ruf als Curator, als ehrenamtlicher Verwalter ihm anvertrauter Gelder Husumer Familien, wichtiger. Der Sohn stirbt in der Sturmflutnacht 1825.

Früher gab es dort die rund 200 Jahre alte Buchhandlung Delff, bei der früher viele Husumer Bücher bestellt und gekauft haben. Der erste Delff wanderte im 17. Jahrhundert als Buchdrucker aus Delft in Holland ein und blieb in Husum. Seine Nachfolger haben später das erste Husumer Wochenblatt gedruckt und herausgegeben, so entstand später die Buchhandlung Delff, die es bis vor rund zehn Jahren gab. Über der ehemaligen Buchhandlung Delff kann man ein Kunstwerk, eine Bronzeskulptur sehen: Ein aufgeschlagenes Buch, aus dem eine Schreibfeder, ein Federkiel, herausragt, mit der Weltkugel und zwei Vögeln darüber. Der eine Vogel ist einer der nordischen Raben Hugin oder Munin, Vogel der Weisheit, der sonst auf Odins Schulter sitzt, der andere ist die christliche Friedenstaube (Abb. 41). Das ist erst einmal Kunst, zweitens eine schöne Symbolik, die uns zu denken geben kann.

41 *Krämerstraße, Buchhandlung Delff: Das Buch als Weltmacht*

Husumer Werft, Wasserturm und Hockensbüller Krug

Wo früher die große Husumer Werft war, steht seit über 30 Jahren das neue Husumer Rathaus (Abb. 42), damals in Husum wegen des modernen Baustils oft kritisiert, was aber gut zum Husumer Hafenumfeld passt. Rund um das Rathaus ist die Umgebung in den letzten Jahren Stück für Stück verschönert worden.

Das große neue Kreishaus des Kreises Nordfriesland, ebenfalls aus der Zeit um 1980, steht auf dem früheren Viehmarkt-Grund beim Wasserturm auf dem historischen Kamp. Der Wasserturm wurde 1902 für Nordhusum und den Viehmarkt gebaut, ist längst stillgelegt und renoviert. Dort sind kleine Gästezimmer für Touristen eingebaut, nach dem Motto: Ein Gästebett bringt mehr als eine Kuh – mit weitem Ausblick über die Dächer bis zur Nordsee. Dann gibt es noch zwei historische Wirtshäuser. „Dragseths Gasthof", der älteste in Husum, vis-à-vis vom neuen Rathaus beim Schifffahrtsmuseum Nordfriesland. Dragseths ist ein traditioneller Krug in bester Hafenlage mit einem netten Biergarten inmitten alter Mauern, wie in einem alten Dorfkrug – ein beliebtes Restaurant in Husum.
In Hockensbüll, Nordhusum, steht der Hockensbüller Krug, ein altes Reetdach-Friesenhaus. Das war in früheren Zeiten die letzte Raststätte für Viehtreiber, vor dem Viehmarkttag mit dem Vieh Rast zu machen, das Vieh fein zu putzen und schier und glatt auf den Markt zu bringen. Später ist es für Jahrzehnte bis in die heutige Zeit ein Gasthaus, ein Insider-Tipp als Restaurant gewesen, Corona hat es ausgebremst. Nun soll es in der nächsten Generation weitergeführt werden; eine gute Nachricht, war es es doch schon ein beliebtes Ausflugsziel für Theodor Storm und seine Freunde.
Exkurs: Größte Arbeitgeber heute sind die Bundeswehr, das Theodor-Schäfer-Berufsbildungswerk (TSBW), das Textilhaus CJ Schmidt, die großen Verwaltungseinrichtungen für die Stadt, den Kreis, des Landes – z.B. der Landesbetrieb für Küstenschutz, Nationalpark und Meeresschutz, kurz LKN. Früher war das die Husumer Werft mit nahezu 750 Arbeitsplätzen bis um 1973. Die frühere Besitzerfamilie Cohrs, CJ Schmidt, das hab ich weiter oben erwähnt, hat Husum das imposante Schifffahrtsmuseum Nordfriesland gestiftet. Dann hat Husum noch die dänische Windenergie-Weltfirma „Vestas", die haben ihre Hauptvertretung für Deutschland – in Husum! Viele

Arbeitsplätze stellt das große Klinikum am Schlosspark, das als Teil des Krankenhaus-Konzerns immer weiter ausgebaut wird – 2021 sollte ein neues Parkhaus auf dem Grund früherer Krankenhausgebäude entstehen, die abgerissen worden sind. Ein neuer Hubschrauberlandeplatz ist in der Planungsphase. Husum besitzt ein großes Gewerbegebiet am nördlichen Stadtrand, das ebenfalls ständig – bis an die Umgehungsstraßen als natürliche Begrenzung – ausgebaut wird. Dort sind Hunderte neuer Gewerbe-, Dienstleistungs-, Handelsbetriebe aller Art angesiedelt – Ärztehäuser, Autohäuser, Kfz-Betriebe, Baumärkte, Gastronomie, Großhandel für Handwerk, Supermärkte, Getränkemärkte, Landmaschinenhandel, Tankstellen, auch eine für Elektro-LKW. So finden dort schon über 3000 Menschen Arbeit und Brot. Und bald entsteht dort an der Flensburger Chaussee auch das neue Husumer Schwimmbad und wohl auch ein angeschlossenes Freizeitcenter, das alte „Husum Bad" ist in die Jahre gekommen.

Stifter Thordsen, Asmussen-Woldsen, Nissen, Cohrs und „Ede Sörensen"

Husum ist die Stadt mit der größten Kaufkraft an der Westküste, hieß vor 60 Jahren „Husum – Tor zur Halligwelt", heute sagen wir „Husum – das Tor zum UNESCO-Weltnaturerbe Wattenmeer". Die großen Silos beidseitig am Husumer Außenhafen waren um 1960 die größten in Deutschland, gebaut als Raps-, Getreide- und Futtermittel-Silos teils vom Hamburger Kaufmann Thordsen. Der und seine Frau Irene Thordsen haben Husum das Thordsen-Hotel am Schlosspark und Heckenweg an Stelle des früheren Schützenhofs gestiftet. An das Parkhotel Thordsen angebaut war die Irene-Thordsen-Kongresshalle, diese Halle war für Husum eine große Bereicherung für Kongresse, Theater, Konzerte und für gesellschaftliche Ereignisse wie z. B. die Schulabschlussbälle, Vereinsfeste oder politische Veranstaltungen. Die Halle wurde 2016/17 abgerissen, da steht seit 2021 ein neuer, großer Appartmentkomplex mit sieben Stockwerken. Das alte Parkhotel Thordsen daneben ist abgelöst von Appartmentwohnungen. Die Stifterfamilie Thordsen steht in einer Reihe bedeutender Stiftungen: Schon 1859 die Asmussen-Woldsen-Stiftung, und die Ludwig-Nissen-Stiftung von 1925 mit Nissenhaus von 1937, zuletzt Stiftung der Familie Cohrs – Schifffahrtsmuseum. Dann die „Ede-Sörensen-Stiftung", ins Leben gerufen von seiner Tochter und deren Mann, dem Husumer Architekten Jochem Feddersen, zur Erinnerung an ihren Vater nach dessen Tod. Diese Stiftung zeigt sich überall im Husumer Stadtbild mit vielen Statuen, z.B. im Schlosspark ein Springbrunnen, vor der Bürgerschule die Statue „Der Fischer und seine Frau" und „Puppenspieler", auf dem „Alten Brauereiplatz" steht die Bronzestatue „Der Wolkengucker". Insgesamt sind es im Stadtgebiet sechzehn Statuen, die zum Innehalten einladen. Die Ede-Sörensen-Stiftung besitzt auch den Husumer Kulturkeller, Teil der alten Herrenhaus-Pils-Brauerei, die vor dem Umbau zum Kulturkeller lange Jahre der allseits beliebte Braukeller war, ein Treffpunkt junger Leute in den alten Gewölben der Herrenhaus-Brauerei.

Am Husumer Binnenhafen

Am Husumer Binnenhafen steht seit den Achtzigerjahren das neue Rathaus, (Abb. 42 und 42a) mit den alten Hellingen, das sind Slipanlagen für Schiffsneubauten und Stapelläufe. Dort liegt der Tonnenleger Hildegard als Museumsschiff.

Am Ende des Binnenhafens steht eine blaue Klappbrücke, fast wie eine holländische Brücke, die an den nordfriesischen Handel mit Westfriesen und Holländern erinnert. Sie wird hydraulisch betrieben, über ihr verläuft die innerstädtische B5. Wenn die Brücke mal defekt ist, was in den letzten Jahren mehrfach vorkam, oder gewartet werden muss, hat Husum ein Verkehrsproblem.

Man sieht auf Abb. 42, dass das Rathaus eine besondere, moderne

42 Husums neues Rathaus am Zingel, Abb. 42 a unten die Westansicht

42 a Rathaus von der Westseite

Architektur zeigt. Der linke große, rote Ziegelsteinflügel erinnert an Backsteinarchitektur, der weiße Flügel aus Kalkstein ist ein Kontrast dazu. Roter Backstein als vorherrschender Baustoff in Husum, dann eine Glas-Stahl-Konstruktion, als drittes Element weißer Kalkstein. Um 1850 gab es eine Kalksteinbrennerei des Kaufmanns Woldsen an der Hafenstraße. Der moderne Glasbau als mittlerer Flügel und drittes Element, in den kann man weit ins Rathaus hineinsehen. Auch im Rathaus selbst gibt es im hellen Inneren, im mittleren Glasbau, regelmäßig Ausstellungen mit bildnerischer oder Fotokunst von hiesigen Kunstschaffenden oder Ausstellungen zu politisch-historischen Ereignissen – das Rathaus ist somit auch ein offener Ort für Begegnungen mit Kunst, Geschichte, Kultur.
Rundherum ist alles ansprechend gestaltet: Besondere Skulpturen, blaue, mäandrierende Fliesenbänder im Pflaster mit Gedichten Theodor Storms, mit Stahlturm samt Aussichtsplattform vorm Rathaus, mit Bänken und schönem Mauerwerk. Dort und an der Schiffbrücke ist ein attraktiv gestaltetes Hafenambiente entstanden.
An der Kleikuhle, Ecke Hafenstraße, sieht man das „Nationalpark-Haus", das uns die Flora und Fauna des Wattenmeeres, den Nationalpark Wattenmeer sowie ein großes Nordseewasser-Aquarium präsentiert. Da kann man viel erfahren, sehen und lernen. Zum Stöbern und Staunen lädt der angeschlossene „Eine Welt Laden" ein, wo man bestimmt das eine oder andere nachhaltig produzierte Stück Spielzeug, Schmuck oder eine „fair trade"-Solarlampe findet.
Südseitig des Binnenhafens, in der zweiten Reihe, wurden in den letzten Jahren viele große, moderne Appartmentkomplexe mitsamt großen Parkplätzen gebaut, wo früher Werftschuppen, sumpfige Ufer und Gerümpel waren. Dahinter liegen Glasbauten der Stadtwerke und die gelbweiße Villa des früheren Stadtwerke-Direktors. Weiter in Richtung Hauptbahnhof hat CJ Schmidt ein

großes Parkhaus mit zwei Etagen als Rundbau errichten lassen, mit Platz für viele hundert Autos. Am Binnenhafen stehen eine Reihe Appartmenthäuser mit einer Marina davor. Man kann aus der Haustür gleich in eine Segelyacht oder ins Motorboot steigen. Der Binnenhafen ist in einer Generation von einem lauten und schmutzigen Industriehafen mit großer Werft zu einem lebenswerten Schmuckstück umgestaltet worden: Von Krämerstraße und Schiffbrücke über die Hafenstraße, mit Gastwirtschaften, Straßengastronomie, Restaurants und vielen netten Läden.
Dazwischen stehen am Hafen noch ein paar alte Speicherhäuser wie der Husumer Speicher von 1890 oder gegenüber der Speicher von P. Peters, einem früheren Kohlen- und Heizölkaufmann, dessen neue Gas- und Heizöltanks und Tankstellen im Gewerbegebiet zu finden sind, auch eine neue Elektrotankstelle für LKW. Hafenstraße und Schiffbrücke sind bereichert mit Sitzbänken, schönem Steinpflaster, die Häuser zeigen ansprechende Fronten. An der Nordseite läuft seit 2018 ein Weg mit fest installierten Info-Tafeln, so etwa fünfzehn, als ein Stationenweg vom Nordfriesland Museum bis hin zur Dockkoogspitze. Entlang dieser Stationentafeln wird Wissenswertes über Nordsee, Naturschutz, Nationalpark und Husum grafisch griffig aufbereitet, das interessiert die Gäste.
Viel mit Küstenschutz, Wattenmeer und Nationalpark zu tun hat der Husumer zentrale Standort des „LKN-SH – Landesbetrieb für Küstenschutz, Nationalpark und Meeresschutz Schleswig-Holstein". Der liegt vis-à-vis vom Bahnhof, hieß Jahrzehnte „Amt für Land- und Wasserwirtschaft", noch früher „Marschenbauamt" und war immer eine Behörde des „Fiskus" – des Staates. Beim „Fiskus" hatten viele Hunderte Männer auf den Inseln, Halligen, an der Küste und auf Eiderstedt gute Arbeit und Brot in den weitläufigen Vorländereien, am Nordstrander Damm, den Dämmen nach Nordstrandischmoor, Langeneß oder dem Hindenburgdamm nach Sylt.

Die Fiskus-Arbeiter hatten oft ein kleines eigenes Siedlungshaus mit Schuppen und Garten, ums Haus etwas Land für Schwein, Kuh und Schafe, waren oft noch Selbstversorger, die Familie, die Ehefrau besorgten die familiäre, kleine Landwirtschaft. Jedes Jahr müssen die Grüppel in den Vorländereien ausgebessert, Deiche, Lahnungen, Faschinen und Steindämme in Ordnung gehalten werden. Früher ging das alles mit der Schaufel und mit Muskelkraft der Fiskus-Arbeiter, heute machen immer mehr Bagger diese schwere Arbeit. So haben viele Fiskus-Arbeitnehmer ihre Arbeit verloren, das war an unserer Wasserkante ein großes soziales Problem – der Strukturwandel war angekommen. Es gab in den Siebziger- und Achtzigerjahren heftige Proteste und Streiks; die Fiskusarbeiter waren fest gewerkschaftlich organisiert. Mit dem Strukturwandel verloren aber auch die Gewerkschaften und SPD als Stammpartei viele Mitglieder.
An der Dockkoogstraße am Außenhafen hat das LKN ein gewaltig großes Materiallager mit Holzpfählen, Buschwerk, Faschinen, Draht, Steinwerk, Vlies. Alles in großen Bergen oder in grünen Lagerschuppen aufstapelt für all die Reparaturarbeiten an der Wasserkante. Und draußen an der Dockkoogstraße gibt es seit 2019 eine Reihe gezimmerter, stabiler, hölzerner Aussichtsplattformen, richtig solide Zimmermannsarbeit, von denen kann man über den Porren- und Dockkoog, über Außenhafen und das Trockendock blicken und dabei Vögel und Tiere beobachten. Die Plattformen ergänzen die oben genannten Stationentafeln und sind eine sinnvolle Sache für einen sanften und nachhaltigen Tourismus.
Über viele Jahre wurde das vormalige „Amt für Land- und Wasserwirtschaft" vom Nordfriesen Friedrich Heddies Andresen geleitet, einem Vorreiter des späteren LKN und des Nationalparks Wattenmeer, der dafür unermüdlich die Trommel rührte – er ist einer der Väter des Nationalparks. 2021 ist er verstorben.

Husum und die Niederländer – 800 Jahre Nachbarschaft

Husum war Jahrhunderte Teil des dänischen Herzogtums Schleswig und wurde von König Christian I. schon 1461 für Kaufleute aus Amsterdam, für holländische und friesische Seefahrer, zu einem Stapelplatz erklärt. Die Kaufleute fuhren mit ihren Schiffen in die Süderhever hinein und luden an Husums neuer Schiffsbrücke ihre Waren aus, die sie von dort über Land nach Flensburg transportierten und über die Ostsee. Dieses Stapelrecht für Holländer, friesische und Amsterdamer Kaufleute war gut für Husum und hat Geld und Waren ins Land gebracht. Husum handelte mit Amsterdam, Hoorn, Enkhuizen, Ost- und Westfriesland, Flandern und Brabant. Nordfriesen haben auch in Schleswig und Flensburg tüchtig mitgehandelt, es gibt in Flensburg den Stadtteil „Friesischer Berg" und die „Friesische Straße". Nach Tönning, Friedrichstadt und Husum kamen im 16./17. Jahrhundert viele Niederländer, Katholiken und Remonstranten; Religionsflüchtlinge, die wegen der calvinistischen Regierung das Land verlassen mussten.

43 *Binnenhafen von der Klappbrücke aus Richtung Rathaus*

Die Remonstranten, es sind auch „Protestanten", lehnen die calvinistische Lehre der Prädestination ab, die in etwa behauptet, dass Gut und Böse für die Menschen vorherbestimmt seien. Sie kamen als Deichbauer, als Zimmer- und Mauerleute, Landvermesser, Mühlenbauer, Bierbrauer, Fachleute für Käse, Butter und Schlagrahm in Holländereien.
Eiderstedt und Nordstrand lieferten eine Menge Butter und Käse nach außerhalb, sogar bis nach Flandern, alles belegt in alten Zolllisten.
Der Buchdrucker und Buchhändler Delff kam auch aus Holland; die Delffs gaben die erste Husumer Zeitung heraus. Auch gab es Husumer Kaufleute und Schiffer in West- und Ostfriesland; es war über lange Zeiten ein gegenseitiger Austausch. Ein niederländischer Grabstein der Zeit steht im Nissenhaus.

Husum als Windkraft- und Messestadt

Husum hat für rund 20 Jahre bis 2012 die größte und wichtigste Windmesse beherbergt, zeitweise sogar der ganzen Welt. Die startete 1989 in der alten Viehhalle beim Wasserturm – und wurde immer größer. Darum steht auch das Nordsee-Congress-Centrum (NCC), nun „Husum Messe und Congress" benannt, beim Gewerbegebiet Ost. Das ist ein schön gemauerter, roter Ziegelsteinbau auf der Westseite für viele verschiedene Veranstaltungen. Die Konzerte dort von Klassik bis Folklore mit einer wunderbaren Akustik sind ein ebensolches Erlebnis wie Theatervorstellungen, z. B. vom Hamburger Ohnsorg-Theater. Sodann steht auf der Ostseite eine große Glas- und Stahlhalle (Abb. 44), mit eigener Verwaltung und Management, in der auch dauernd etwas los ist, vor allem Messen aller Art. Die deutschlandweit größten Schafauktionen, Ausstellungen für Gartenbau und Wohnen, Kaninchen- und Geflügelzüchterausstellungen, Tourismus- und Gastronomie-Messen, überregionale

Flohmärkte und Antiquitätenmessen. Die große Windmesse hat Husum 2012 an Hamburg verloren, dafür die „New Energy Husum" und eine kleinere „HUSUM Wind"-Messe behalten, alles in der Husum Messe-NCC von 1989, gerade einmal 15 Jahre nach Ende des 600 Jahre alten Viehmarkts in Husum.

44 *Husum Messe und Kongress; Nordsee-Congress-Center NCC*

Das Gewerbegebiet Ost ist nun gut 50 Jahre alt, und seit 1989 gibt es die „Interessengemeinschaft Gewerbegebiet Ost". Nördlich der Straße Am Schulwald, an der Industriestraße, wurden damals die ersten Betriebe angesiedelt, und danach ist dort stetig weiter gebaut worden – bis an die Umgehungsstraße B 5 und an die Schleswiger Chaussee. Heute gibt es da rund 170 Betriebe. Bei uns in Husum fing im Gewerbegebiet Ost mit der Windkraftfirma Vestas aus Dänemark die Vermarktung der Windenergie in Deutschland richtig an. Die angesiedelten Betriebe aus allen Bereichen von Handel, Gewerbe, Dienstleistungen geben Tausenden Menschen Arbeit – heute etwa 3000. Über unser Gewerbegebiet Ost wundern sich viele Auswärtige auch aus größeren Städten Schleswig-Holsteins oder Niedersachsens.

Nordfriesland Museum Nissenhaus, Storm-Haus und mehr

Nun zu den Museen: Großartig ist das imposante Nordfriesland Museum im Nissenhaus (Abb. 45), eine Stiftung Ludwig Nissens und seiner Frau Catherine Nissen, geb. Quick. Nissen wanderte 1871 knapp 17-jährig aus Husum nach New York aus, wurde nach Jahren erfolgreicher Diamantenhändler, heiratete 1882. Sie stiftete 1925 ein großes Vermögen an Nissens Elternstadt Husum. Die Eheleute Nissen wurden zwischen 1882 und 1914 in New York mit Gold- und Diamantenhandel so reich, dass Ludwig Nissen zum New Yorker „Social Club of Four Hundred" der Upperclass gehörte, an deren Spitze die Rockefellers und Vanderbilts standen. Die Nissens hatten in New York eine Villa in Brooklyn mit weiten Kellergelassen für Bowling- und Kegelbahn, mit Garagen für Kutschen und Automobile, einen Diamantenhandel mit Diamanten- und Juweliergeschäft

45 *Nordfriesland Museum Nissenhaus*

46 *Theodor-Storm-Museum, Wohnhaus der Familie Storm 1866–1880*

auf der Fifth Avenue. Ludwig Nissen war angesehen, kam mit der Upperclass als deutschstämmiger Geschäftsmann gut klar, war gut Freund mit Präsident Roosevelt von den Republikanern. Nissen hat die New Yorker Industrie- und Handelskammer und um 1900 die Weltausstellungen in Atlanta und Paris auf den Weg gebracht. Die Nissenstiftung von 1925 bestand aus über drei Millionen Dollar und zwei großen Kunstsammlungen amerikanischer Kunst um 1900. Im 1937 fertig erbauten Nissenhaus als „Haus des Volkes" werden u. a. diese Kunstsammlungen ausgestellt. Im Ostflügel des Museums ist die Husumer Stadtbücherei untergebracht. Nissenhaus, Schloss und Ostenfelder Bauernhaus gehören als

Museumsverbund Nordfriesland zur Kulturlandschaft Nordfrieslands. Beim Nissenhaus liegt das Finanzamt Husum, das jetzt einen großen Neubau auf dem früheren Parkplatz bekommt. Es ist wie das Nissenhaus oder das Hotel Altes Zollamt, früher ein richtiges Zollamt, in Heimatschutzarchitektur erbaut.
Seit 1974 gibt es das Theodor-Storm-Museum in der Wasserreihe und die Theodor-Storm-Gesellschaft bzw. das Storm-Archiv daneben (Abb. 46). Das Stormhaus von 1460 wurde 1730 vom Kornhändler und „Kornbrenner" Cosmos im Rokokostil als Großbürgerhaus umgebaut. Viel davon ist drinnen zu sehen, die Rokokotüren, dicke Balken an den Decken, Schiffsplanken-Fußböden und der Stormgarten, angelegt zu Storms Zeit, auch viele Originalmöbel. Storm hat dort von 1864 bis 1880 gewohnt, ab 1866 mit seiner zweiten Frau Dorothea, geb. Jensen. Derzeit war Husum ein Hotspot für Literatur.

46 a *Nordfriesenwappen – nicht historisch; erstmals 1845: Dänische Königskrone = Nordfriesen sind dänisch bis 1864; der Grützpott = friesische Brüderlichkeit und Gastfreundschaft; der halbe Adler= Friesenrechte seit Kaiser Karl dem Großen; Lewer duad üs Slav („Lieber tot als Sklave") = friesische Eigenständigkeit*

Storm, bis 1867 auch Landvogt, war als Dichter recht berühmt, bekam viel Besuch von Literaten von überall her.
Zur Kleikuhle hin, westlich vom Storm-Haus saß die Nicolaus-Bruhns-Gesellschaft. Bruhns, in Schwabstedt geboren, war im 17. Jahrhundert, im Barock, Orgelspieler mit Kontakten zu großen Orgelspielern. Er war ein Lieblingsschüler von Dietrich Buxtehude, Kantor der alten Husumer Marienkirche und Komponist noch heute geachteter Orgelwerke, die europaweit in großen Kirchen gespielt werden. Es gibt seit wenigen Jahren einen „Nicolaus-Bruhns-Chor" mit dem noch Kirchenmusik und Orgel studierenden, jungen Chorleiter Malte Wienhus, der als erster Preisträger Ende 2021 mit dem Margarete-Böhme-Peis für Nachwuchskünstler ausgezeichnet wurde.
Leider wurde die Nicolaus-Bruhns-Gesellschaft trotz des Jubiläumsjahres 2015 mittlerweile aufgelöst, was sehr schade ist, weil Bruhns Werke in den größten Kirchen und Domen europaweit gespielt werden, ob auf der großen Marcussen-Orgel im Schleswiger Dom oder z. B. in St.-Pierre-des-Chartreux von großen Organisten (der Verfasser hört gerne Orgelmusik und hat einige Bruhns-Aufnahmen).
Zur Abb. 46: Die starken Maueranker verbinden die Außenmauer und die innere Balkendecke; oben unterm Giebel sind die grünen Luken für die frühere Getreideeinlagerung auf zwei Bodenebenen.
Im Frühjahr fahren die ersten Gäste schon am 21. Februar zum traditionellen Biikebrennen aus halb Deutschland nach Husum und freuen sich auch auf das Grünkohlessen danach. Im März dann besuchen wieder Tausende Husum, um sich die Stadt und die Krokusblüte im Schlosspark anzusehen, das „Krokuswunder des Nordens" (Abb. 47). Das Krokusblütenfest lockt Tausende Touristen mit Bussen aus Norddeutschland und dem Grenzland Dänemark nach Husum; alle wollen sie die über vier Millionen Krokusse

47 *Krokusblüte März 2021*

sehen. Ein Problem ist, dass die Tourismusunternehmer schon lange vorher für ihre Busreisen und fürs Krokusblütenfest planen müssen. Ab und zu blühen die Krokusse nämlich schon zwei, drei Wochen früher. Die Krokusse lassen sich nicht so gern den Termin vorschreiben, die haben ihren eigenen Willen. Eine richtige Krokusblütenkönigin, einmal auch ein Krokuskönig, wird jedes Frühjahr auch per „social media" gewählt und tüchtig vermarktet in der Werbung, vom Commerzium, von CJ Schmidt. Peter Cohrs junior als Chef von CJ Schmidt rührt medial überall präsent die Werbetrommel für sein großes Textilhaus, für Husums Gastronomie, Hotellerie und die übrige Wirtschaft, auch mit dem Model-Contest, für den sich „normale" Frauen und Männer aus Norddeutschland bewerben und dabei mit CJ Schmidt-Kleidung etliche Modeschauen mitmachen, ausgestrahlt auf allen Kanälen. Die Model-Contest-Events sind beliebte Großveranstaltungen im Husumer Messezentrum – ausgestrahlte Werbung für Husum und das Modehaus.

Husum richtet jährlich die Poppenspäler-Tage aus (Abb. 48), zurückzuführen auf die bekannte Stormnovelle „Pole Poppenspäler". Das ist ein Puppen- und Marionetten-Festival, auf dem Marionetten- und Puppenspieler aus Europa, sogar von Übersee, Theaterkunst für Kinder und Erwachsene darbieten, meistens im Schloss, aber auch in Schulen, im Rathaus, in Sälen von Dorfgasthäusern im Umkreis oder im Husumhus, dem dänischen Versammlungshaus und Theater. Das Poppenspäler-Museum mit einer kleinen Sammlung von Marionetten früherer Puppenspieler-Familien, mit gestifteten Sammlungen und ausländischen Spielpuppen, sogar aus Indonesien, ist im Schloss zu sehen. Mit der Novelle setzte Storm den Puppenspielern ein Denkmal, die „Poppenspälertage" im September machen Husum deutschlandweit bekannt für Marionettentheater. Besucht es mal, aber bestellt rechtzeitig die Karten, die sind immer schnell ausverkauft.

In Husum steht das älteste deutsche Freilichtmuseum, das Ostenfelder Bauernhaus von vor 1600, es stammt aus dem Nachbarort

48 *Poppenspälermuseum im Schloss: Puppen zu „Räuber Hotzenplotz"*

Ostenfeld, wurde dort ab- und 1899 in Husum wieder aufgebaut (Abb. 34); wir haben es – wie erwähnt – Magnus Voß zu verdanken.
Im Schloss vor Husum sind einmal im Jahr die „Raritäten der Klaviermusik" und die „Liedkunst", just so bekannte Musikwochen mit jungen Musikern von überall aus Europa, sogar von Übersee von großen Musikhochschulen und Konservatorien. Künstlerischer Leiter der Liedkunst ist der in Husum aufgewachsene Ulf Bästlein, Schüler der HTS, Abitur 1978, studierter Altphilologe, Musikprofessor an der Musikhochschule Graz und Kunstliedinterpret.
Und seit vielen Jahren haben wir das „Weihnachtshaus" (Abb. 49), ein ansehnliches, restauriertes Großbürgerhaus aus der Gründerzeit mit einem historischen Laden von 1890.
Seit vielen Jahren zieht das Weihnachtshaus Besucher nach Husum. Das ansehnliche Haus aus der Gründerzeit steht unter Denkmalschutz und beinhaltet ein Museum und einen historischen

49 *Weihnachtshaus – Museum voller Sammlungen über Weihnachten*

Laden aus der Zeit um 1890. Gegründet wurde das Weihnachtshaus von der Familie Paulsen vor dem Hintergrund der Verlagsgruppe Husum, die aus acht bundesweit agierenden Verlagen besteht. Die Produktion umfasst die Hamburger Lesehefte, wissenschaftliche Reihen aus dem Matthiesen Verlag, Regionalia aus allen deutschen Landschaften sowie zwei ehemalige DDR-Verlage. Manche Titel findet man auch im Weihnachtshaus im Westerende in direkter Nähe zum Verlagsgebäude, dem früheren Bahnhofshotel in der Nordbahnhofstraße. Das Museum birgt die Weihnachtssammlung von Alix Paulsen und zeigt neben der Dauerausstellung jährlich wechselnde Sonderausstellungen. Gläserner Baumschmuck und die Installation einer Glasbläserwerkstatt aus Thüringen, Weihnachtsfiguren aus dem Erzgebirge sind ebenso zu sehen wie Adventskalender, Objekte zur Weihnachtsbäckerei und Spielzeug. Das muss man sich mal ansehen, ganz besonders zu empfehlen für Familien mit Kindern oder Enkeln.
Husum ist mit Museen für den Tourismus und für Einheimische gut aufgestellt und kann mit jeder vergleichbaren Stadt mithalten, das betonen viele Gäste gerne. Husum ist in der Landesplanung „Mittelzentrum mit Teilfunktionen eines Oberzentrums", das heißt, in Husum gibt es Einrichtungen, die sonst nur in größeren Städten zu finden sind, weil Husum die Hauptstadt von Nordfriesland und die größte Stadt an der Westküste ist – mit knapp 24.000 Bewohnern. Sodann hat Husum die Krabbentage, die Hafentage, den großen Wochenmarkt am Donnerstag und einen kleinen Wochenmarkt sonnabends. Es gibt noch den Töpfer- und Handwerkermarkt und zweimal im Jahr einen Jahrmarkt, dann die deutschlandweit bekannte „New Energy"-Messe, eine große Schafbockauktion, die größte in Deutschland, Stadtteil-Straßenfeste wie das Neustadt-Fest, den jährlichen großen Laternenumzug um den Martinstag herum. In der Advents- und Weihnachtszeit hat Husum den

beliebten Weihnachtsmarkt mit einem schön geschmückten, hohen Tannenbaum auf dem Marktplatz. Das sind viel besuchte Anziehungspunkte für junge Familien und Marktgäste und förderlich für die Umsätze, die um die Advents- und Weihnachtszeit für Handel und Gewerbe so wichtig sind. Husum ist „Fair-Trade-Stadt" für nachhaltige Produkte. Husum will, so ist es beschlossen Ende September 2021, bis 2035 klimaneutral werden, ein Vorhaben, das nicht umsonst zu haben sein wird.

Bildungseinrichtungen, junge und alte Leute in Husum und die Shoppingmall THEO

Wir haben beim Bahnhof und an der Husumer Au ein großes Berufsschulzentrum mit rund 3800 Lernenden und zwei Gymnasien: die aus der alten Gelehrtenschule entstandene Hermann-Tast-Schule sowie die Theodor-Storm-Schule an der Lämmerfenne. Am Berufsschulzentrum machen junge Leute die Berufsschul-Ausbildung oder den Mittleren Bildungsabschluss, früher die Mittlere Reife, und Abitur mit drei möglichen Fachrichtungen. Es gibt drei Gemeinschaftsschulen: Gemeinschaftsschule Husum Nord, die frühere Realschule, und die Ferdinand-Tönnies-Schule sowie die Dänische Gemeinschaftsschule schon ab Klasse 1 mit dänischem Schulsystem. Tönnies war Begründer der universitären Soziologie und ein jüngerer Freund Theodor Storms. Zudem gibt es die Rungholtschule, eine Schule für Kinder mit Handicaps, und immer noch die frühere Pestalozzi-Schule. Die Dänische Schule ist nicht nur für Kinder der dänischen Minderheit, dort schicken auch andere Eltern ihre Kinder hin. Die dänische Minderheit mit dem politischen Zweig des SSW – Südschleswigsche Wählergemeinschaft – hat auf der Neustadt ein eigenes Versammlungshaus, das Husumhus, mit dem Goldenen Hahn über dem Portal, und natürlich mit dem Danebrog, der bei uns auch bis 1864 wehte (Abb. 50).

50 *Husumhus – das dänische Versammlungs- und Kulturhaus*

Dieses Husumhus macht was her: Bücherei, ein schöner Theatersaal mit großer Bühne, auf der auch Konzerte gegeben werden. Die dänische Minderheit und der „Südslesvigsk Foreningen SSF" hat eine eigene Kirche in der Klaus-Groth-Straße. Aber in die Kirche und ins Husumhus kann jeder gehen, die Dänen beißen nicht, die bieten uns tüchtig etwas an dänischer, skandinavischer, „hyggeliger" Kultur.
Nun folgt ein kleiner Exkurs über Husum als Seniorenstadt, denn Husum hat 7000 Einwohner, die älter als 60 Jahre sind: In Husum gibt es eine Reihe von Seniorenhäusern: Das DRK-Käthe-Bernhard-Haus am Wasserturm und das DRK-Heim in der Goethestraße. Die Diakonie führt das Liette-Eller-Haus am Stadtweg auf dem früheren Land von Frau Anneline Petersen, bekannt als Stine Mett. Das war eine bekannte Husumer Bäuerin, die einen alten friesischen Bauernhof am Stadtweg auf dem Maas mit Land um den Hof am Stadtrand und in der Marsch hatte. Sie legte gar keinen Wert auf ihr Äußeres, trug jeden Tag ihre Arbeitskleidung, auch in der Stadt, sprach Plattdeutsch. Dabei war sie immer sehr direkt, hat nicht an sich gedacht, war eine ernsthafte Respektsperson,

hat ihren Glauben so ernst genommen, jedes Kirchenlied ohne Gesangbuch mitsingen können. Auf ihrer Trauerfeier hat der Schobüller Pastor Binge die Trauerrede auf Plattdeutsch gehalten, aus Respekt für Frau Petersens Persönlichkeit. Trotzdem haben viele Menschen sie belächelt, auch abschätzig.
Privat-Seniorenhäuser sind noch das Haus Moorschift an der Flensburger Straße; die Cura-Seniorenresidenz gegenüber vom Nissenhaus, dann noch ein privates Seniorenhaus in der Schillerstraße; das Hauke-Haien-Seniorenhaus in der Theodor-Storm-Straße. Die Stadt Husum betreibt das Städtische Altenheim in der Volquart-Pauls-Straße. Das älteste Seniorenstift ist das St. Jürgenshospital – Gasthaus zum Ritter St. Jürgen, siehe weiter unten. Nach Husum ziehen wegen der salzhaltigen Nordseeluft und der friesischen Landschaft viele Leute aus dem Binnenland und verbringen hier ihren Lebensabend.
Themenwechsel: Husum hat eine der größten Volkshochschulen in Schleswig-Holstein an der Schobüller Straße. Wichtig für Husum und ganz Norddeutschland ist das TSBW – Theodor-Schäfer-Berufsbildungswerk, gegründet vom evangelischen Kirchenmann Theodor Schäfer. Das bedeutende Bildungswerk gehört zur Diakonie der Evangelischen Kirche und ist eine großartige Einrichtung für junge Menschen mit Behinderungen, die dort in vielen Berufen ausgebildet werden, damit sie gute Chancen auf dem Arbeitsmarkt haben. Die beruflich Auszubildenden wohnen in Wohngemeinschaften des TSBW und besuchen großenteils das Berufsschulzentrum Husum. Auch das Schloss-Café und das Restaurant Handwerkerhaus von 1741 werden betreut vom TSBW.
Im Einkaufszentrum THEO, Shopping Mall (Abb. 51) an der Großstraße, kauft seit Oktober 2019 viel Kundschaft, viele junge Leute. Da bummeln sie, sitzen, essen und trinken, was man auch zwischendurch „to go" oder in offenen Sitzecken verzehren kann, und

freuen sich, dass sie in Husum wieder eine Möglichkeit haben, unter Dach mit vielen anderen zusammenzukommen. So ist das ein Gewinn für alle. Hat aber viel Spektakel gegeben in Husum, wegen des neuen Konzepts, wegen des Namens (ob Theodor Storm sich gefreut hätte?) und der Architektur. Du darfst aber nicht außer Acht lassen, dass Husums Innenstadt aufpassen muss, dass die Kundschaft nicht wegbleibt, nicht abwandert nach Flensburg, und dass nicht so viel Leerstand die Leute verschreckt. Das ist ein Problem, auch wegen des Internetkaufs bei Jung und Alt, der stark zugenommen hat. Das THEO mit seinen rund 40 einzelnen Läden und „Shops" bietet im Parkhaus über 600 Parkplätze an, das bringt Leben und Umsatz in Husums Innenstadt.

51 *THEO – Husumer Shoppingmall, Einkaufsmagnet mit 610 Parkplätzen*

Sonst aber wird für junge Leute, die gern ausgehen, in die Discothek oder sonst gerne feiern, nicht viel geboten. Die letzte große Disco „Nachtschicht" im Gewerbegebiet Ost hat vor Jahren die Pforten dicht gemacht, zu wenig Publikum, andere Freizeitvorlieben, und Wiederbelebungsversuche sind wegen Corona gescheitert. Im Schlossgang, befindet sich am Alten Brauereiplatz der

Kulturkeller in den historischen, gemütlichen Kellergewölben, Keller der einstmaligen Husumer Bierbrauerei.
Das Gebäude gehört der „Ede Sörensen-Stiftung". Der Kulturkeller soll 2022 wieder eröffnet werden und bietet, Lesungen, Kellerkonzerte, Talk-Runden, Kleinkunst, das ist auch eine Nische, die man füllen kann in Husum – das sieht man am Zulauf im Husumer Speicher. Für die noch Jüngeren gibt es das Jugendhaus BISS in der Norderstraße.
Die letzten Speicher sind der „Husumer Speicher" von 1890 an der Hafenstraße (Abb. 52), der Speicher von P. Peters gegenüber an der Hafenkante oder die Speicher vom Kaufhaus Rothgordt in der Rosenstraße. Der Husumer Speicher wurde vor rund 35 Jahren ein Kulturhaus. Es gibt eine Bühne für Musik und Theater, ein Obergeschoss für Ausstellungen, für den alljährlichen Weihnachtsmarkt, Angebote zu Umwelt und Politik, mit einer kleinen Küche,

52 *Kulturhaus Husumer Speicher, Anziehungspunkt im Hafenviertel*

53 *Binnenhafen mit Klappbrücke und Hafenstraße*

Theke und die Möglichkeit für ein bisschen Gastronomie. Dieser Speicher ist eine richtig gute Einrichtung, da ist immer etwas los, da können sich junge Leute als Musiker oder Poetry Slammer ausprobieren, da ist auch Musik zu hören, die sonst eher nicht die Mehrheit anspricht, so wie Punk, Ska, Irish Folk oder Jazz und Kabarett. Die Künstler, Musiker, Theaterspieler machen unser Leben und das Hafenquartier bunter. Der Speicher wird ehrenamtlich mit viel Engagement und Einsatz geführt, bekommt dafür auch öffentliche Zuschüsse.

Ein Schmuckstück ist die DJH-Jugendherberge an der Schobüller Straße, die hatte früher ein Reetdach, bekam wegen Brandschutz ein Pfannendach – und wurde gleich aufgestockt und vergrößert zu einer attraktiven, modernen Herberge.

Husum tut viel zur Erhaltung des Stadtbildes. Das muss sein, denn in den letzten 150 Jahren ist schon zu viel der wertvollen, alten Bausubstanz verloren gegangen. Stell dir vor: Um 1850 hieß Husum noch „Rothenburg des Nordens" wegen der Backsteinarchitektur des 16./17. Jahrhunderts, von der infolge des Brandes 1852 und von

Abrissen nur noch wenig erhalten ist. Als späteren Ersatz aus der Zeit um 1930 hat Husum vier Häuser in Backstein-„Heimatschutz-Architektur": Das Nissenhaus, das Finanzamt und daneben das Danckwerthhaus, ein Ärztehaus in der Danckwerth-Straße, früher ein Verwaltungshaus der Eisenbahn. Das vierte ist das frühere Zollamt an der Kleikuhle, nun das stilecht renovierte Hotel „Altes Zollhaus". Schiffbrücke und Hafenstraße haben sich fürs Stadtbild in den letzte Jahren richtig herausgeputzt – mit Geld aus Fördertöpfen der EU und weiteren Fördermitteln, um Hafenkante und Hafenquartier attraktiv zu gestalten. Das haben die Husumer Stadtplaner gut angepackt – ebenso die Privat- und Geschäftsleute, die auch viel Geld in die Hand genommen haben, ihre Häuser zu verschönern. Was gibt's noch am Hafen? Die Hafenrundfahrt? Mindestens genauso schön, aber etwas preisgünstiger als die Hamburger

54 *Hafenkante mit Zingelschleuse von 1858, von König Frederik VII.*

Hafenrundfahrt ist die Husumer. Mit einem umgebauten Fischerboot kannst du die Hafenkante vom Wasser aus sehen und dir vom Käpt'n alles Wichtige erzählen lassen. Ahoi!
Eine gute Maßnahme zur Information über unsere „Nordsee ist Mordsee" ist der Flutpfahl vorne am Binnenhafen-Ende, der beispielhaft die größten Sturmfluten mit Fluthöhen zeigt, darunter die zwei „Groten Mandränken" von 1362 und 1634.

Was bringt die Zukunft? Welche Projekte muss Husum noch anpacken?

Zurzeit streiten die Husumer um vier zukünftige Großprojekte für Husums Stadtentwicklung und Tourismus. Was steht an? Einmal der Umbau der Kleikuhle am Ende der Hafenstraße, zweitens die Verschönerung von Schobülls Nordsee-Wasserkante. Die Kleikuhle soll mit einer Aussichtsplattform höher gelegt werden, damit die Besucher oben laufen und oberhalb der verkehrsreichen Straße besser über den Hafen sehen können, Das wird einen Berg Geld kosten und ist vielen Husumern zu teuer. Gleichwohl: An der Kleikuhle ist immer viel los. Zuerst das Nationalpark-Haus (Abb. 57), betrieben von der Schutzstation Wattenmeer, unter einem Dach mit dem WWF, World Wide Fund For Nature, mit dem Weltladen Husum, dem BUND – Bund für Umwelt und Naturschutz – und dem Verein Jordsand. Es ist ein Informationshaus für Naturschutz und den Nationalpark Schleswig-Holsteinisches Wattenmeer. An der Kleikuhle gibt's viel Gastronomie, mit vielen Plätzen im Außenbereich. Um die Ecke z. B. das vorteilhaft gelegene „Fischhaus Loof", Anlaufstelle für viele Gäste, und das Restaurant Wiesendanger gleich daneben. Gegenüber folgt das Glashaus-Restaurant Fratelli an der Hafenkante und das Hotel Altes Zollamt in der oben erwähnten Heimatschutzarchitektur – an der Westecke der Kleikuhle.

Für Altstadt und öffentliche Einrichtungen wird Behindertengerechtigkeit immer wichtiger. Die Kehrseite des historischen Kopfsteinpflasters in der Altstadt ist, dass es dort für Senioren nicht einfach zu gehen ist, ebenso wie auf den Wegen zu Museen wie dem Storm-Haus in der Wasserreihe und zur Gastronomie oder auf touristischen Zuwegungen wie zum Schloss. Die Behindertengerechtigkeit ist ein Dauerbrenner-Thema und braucht viel Aufmerksamkeit. Just so das Thema öffentliche Toiletten, denn es gibt immer mehr ältere Leute, mehr Busse mit Tagesbesuchern, die nach Husum kommen.
Von der Kleikuhle läuft ein Fußgängertunnel unter der Eisenbahnlinie und Umgehungsstraße B 5 hindurch zum Außenhafen. Dort kann man auch spazieren und die Gastronomie im Restaurant Blinkfüer oder La Mer nutzen – mit Blick auf den belebten Hafen, die Fischkutter und Frachtschiffe auf der Südseite. Und im Husumer Sea-Shop kauft man sich dann Fischer-Holzschuhe oder einen zünftigen Fischerpullover oder eine Flagge von Nordfriesland. Von dort kann man auf der Dockkoogstraße bis an die Husumer Seeschleuse oder einen Kilometer bis zur Dockkoogspitze mit großem Spielgelände und dem grünen Badestrand gehen. Es gibt einen Fahrradweg und eine Straße binnendeichs, man kann aber auch direkt an der Fahrrinne am Deich entlanglaufen; zu Fuß ein erholsamer Spaziergang an der frischen Luft. Die Dockkoogspitze wird in den nächsten Jahren umgestaltet, da kann überall etwas passieren zur Verschönerung. Der Deich an der gesamten exponierten Westspitze soll zudem erweitert und erhöht werden.
Eine weitere Aufgabe wird die Verschönerung von Schobülls Wasserkante. Die ist auch schon in die Jahre gekommen, auch die Gastronomie dort sollte gerne aufgehübscht werden. Die bestehende lange Badebrücke ist erst einige Jahre alt, ist aber durch Nordsee und Eisgang gefährdet. Sie wird gerne genutzt – unsere Sonnenuntergänge sind so schön.

55 *Schiffbrücke – Husums junges Herz, mit altem Plattbodenschiff*

Der Nordsee-Campingplatz am Ortsausgang Richtung Nordstrand bietet eine wunderbare Aussicht über die Nordstrander Bucht. Das Schobüller Freiluft-Schwimmbad mit großer Liegewiese rundherum ist beliebt bei jungen Leuten und Familien, aber es ist auch schon alt. Schobüll war bis vor ein paar Jahren eine selbstständige Gemeinde, und das Schwimmbad war gut für die Gäste – die konnten auch bei Ebbe schnell ins Freibad hüpfen und in der Sonne draußen liegen. Aber Schobüll gehört nun über 20 Jahre zu Husum und hat als einzige Gemeinde keinen Nordseedeich vor der Nase, darum müssen da nun Verschönerungen erfolgen. Der 1936 gebaute Nordstrander Damm hat die Strömungsverhältnisse im Wattenmeer so geändert, dass sich viel, sehr viel Schlick südlich des Dammes ablagert – die Folge sind allmähliche Verlandungen. Es wird nun seit drei Jahren über einen künstlich ausgehobenen Badesee just westlich vom Schwimmbad debattiert, aber ein Problem ist auch dort, dass hoch auflaufende Fluten diesen Badesee überschwemmen und verschmutzen könnten. Wegen Corona ist alles an Planungen erstmal liegen geblieben. Nun aber wird den Husumern das Schobüller Schwimmbad zu teuer. Husum hat ein Hallenbad an der Flensburger Chaussee, das viel Geld kostet und ebenfalls – nach derzeitigen Planungen – geschlossen, abgerissen und woanders auf großem Gelände mit Freizeitcenter neu aufgebaut werden soll. Was soll geschehen? Zwei teure Schwimmbäder in Ehren zusammen alt werden lassen? Der Unterhalt des „Husum Bads" wird immer teurer, das hat sich vor drei Jahren gezeigt, mit einem aufwändigen Umbau. Und das geplante Schwimm- und Freizeitcenter soll gleich so gestaltet werden, dass alle Husumer zufrieden sind – als Hallenbad mit großzügigen Außenanlagen, möglichst mit einer Kartbahn, mit integrierter Sportanlage. Husum darf sich dabei nicht überheben.

Das dritte Großprojekt ist die Husumer Dockkoogspitze mit Campingplatz, eben schon kurz angesprochen. Dort war bis vor knapp 60 Jahren schon einmal ein Schwimmbad, als Freibad, ausgebaggert auf dem erhöhten Vorland, durchaus eine bedenkliche Lage. Das wurde dann mehrmals überflutet, musste teuer wieder gereinigt werden und wurde letztlich zugeschüttet – sozusagen ein Schildbürgerstreich; darum sollten solche Fehler tunlichst nicht wiederholt werden, weder an der Dockkoogspitze noch an Schobülls Ufern.

Und dann steht am Dockkoog seit Jahren eine Ruine des früher beliebten Hotels „Zur Erholung", das abgebrannt ist – und die Versicherung wollte drei Jahre nicht bezahlen. Nun soll es abgerissen und vielleicht neu wiederaufgebaut werden. Das Problem ist der Nordseedeich, der soll nämlich dringend verstärkt werden. Die Hotelruine steht hart am Nordseedeich mit einer Fußgängerbrücke in halber Höhe über den Deich, und diese Betonbrücke ist sowohl mit dem Hotel als auch im Deichkörper fest verankert. Noch ein Problem – diese Betonbrücke lässt sich nicht einfach ausgraben und

56 Ein schmucker Platz in der Wasserreihe

57 Nationalpark-Haus an der Hafenstraße – eine Besichtigung lohnt sich!

entfernen, das gäbe eine schwere Beeinträchtigung des Deiches. Was tun? Wer zahlt das? Verantwortlich ist der LKN, siehe oben: Landesbetrieb für Küstenschutz ...!
Ein weiteres Problem tut sich vor der Dockkoogspitze in Gestalt des beliebten Campingplatzes auf – der liegt auch im Bereich eines Deichneubaues, der binnenseitig viel Land erfordert, außendeichs ist kein Platz. Was tun? Und nun warten wir alle auf den richtigen Plan für eine „touristisch nachhaltige Neugestaltung der Dockkoogspitze". Ein Vorschlag liegt auf dem Tisch: Auf dem niedrigen Vorland könnte ein künstlicher See als Badesee ausgebaggert werden, in den dann Nordseewasser hineinlaufen kann – und wieder hinaus, fast wie in der freien Natur. Der Platz ist da. Viele Husumers lehnen das ab, sie sagen, dort wird dann wieder die Nordsee bei Sturmflut alles unter Wasser setzen oder vollschlicken. Alles klar? Dann gibt es noch einen älteren Streit um ein Baulücken- Grundstück an der Poggenburgstraße neben der Polizeistation. Der Besitzer eines vormaligen Autohauses will dort Wohnhäuser bauen lassen, die werden in Husum gebraucht. Aber eine Bürgerinitiative hat lange Jahre dafür getrommelt, dass dort ein Kaufhaus, ein Supermarkt für Lebensmittel entstehen soll, der fehlt in der Ecke auch. Aber der Besitzer scheint sich wohl weitgehend durchgesetzt zu haben, streitig ist noch die Zuwegung zum möglichen Wohnhaus-Areal. Die Zuwegung kann nicht über die Poggenburgstraße laufen, da ist kein Platz für eine erforderliche Abzweigspur, aber vielleicht rechts um die Ecke des Damms, da wäre wohl eine Zufahrt möglich. Wie kriegen wir das Problem gelöst? Eines ist klar: Husum muss etwas tun, die Konkurrenz schläft nicht. Aber über den richtigen Weg sich einig zu werden, darf nicht verschleppt werden, sonst wird es von Jahr zu Jahr teurer. Wir alle wünschen unseren Stadtpolitikern einen guten Überblick und die für uns richtigen Entscheidungen. Das altehrwürdige Commerzium

von 1738 soll dabei helfen, es wurde verfügt von König Christian VI. Das Kommerzium arbeitet unter einem Dach mit der Werbegemeinschaft Husum und der Husumer Unternehmer- und Kaufmannschaft – auch das „Gewerbegebiet Ost" erfordert hohe Aufmerksamkeit.

Nationalpark Schleswig-Holsteinisches Wattenmeer – UNESCO-Weltnaturerbe

Vorweg einige Schlaglichter: Alle 10 000 Tier- und Pflanzenarten im Nationalpark braucht man nicht zu kennen – aber kennt man die **„Flying Five"**, die **„Big Five"** und **„Small Five"** unseres Nationalparks?

Flying Five: Alpenstrandläufer – Brandgans – Austernfischer – Silbermöwe – Ringelgans;

Big Five: Kegelrobbe – Seehund – Schweinswal – Seeadler – Europäischer Stör.

Small Five: Die „Small Five" beleben das Wattenmeer in unglaublicher Vielfalt. Sie stehen unten in der Nahrungskette und sind also die Hauptnahrung für die größeren Lebenwesen: 1. Wattwurm, 2. Herzmuschel, 3. Strandkrabbe, 4. Wattschnecke, 5. Nordseegarnele (auch „Krabbe" oder Niederdeutsch „Porren").

Rund 10 bis 11 Millionen Vögel machen hier vor unserer Haustür im Frühjahr und im Herbst Station, im Wattenmeer leben 40 000 Brutpaare von Austernfischern, die größte Population in Europa. Direkt am Eidersperrwerk haben zwei seltene Seeschwalbenkolonien ihr neues Zuhause geschaffen. Seeadler lassen sich sogar wieder blicken, die größten Beutegreifer Europas. Neue, teils ungebetene Spezies wie Pazifische Auster, Gespensterkrabbe, Blasentang und Seeringelwurm siedeln sich stetig an, verdrängen aber alte. Einige Arten werden bedroht durch den fortschreitenden Klimawandel und durch fehlende Einschränkungen der

Landwirtschaft auf den Nordfriesischen Inseln – die Ostfriesischen Inseln fallen ganz unter den Schutz des Nationalparks. Am Damm

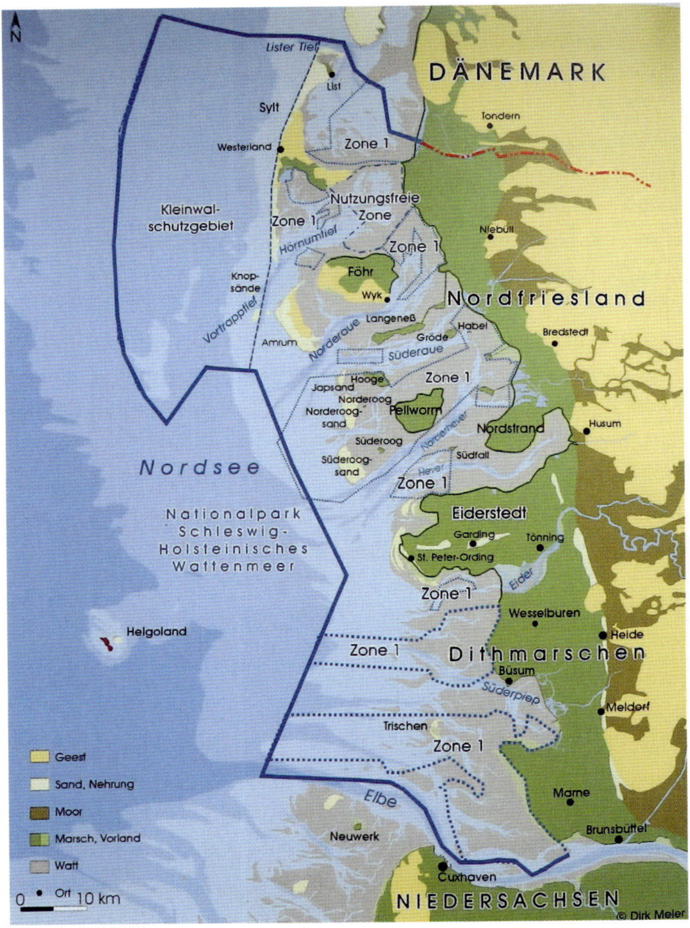

58 *Schleswig-Holsteins Teil des Nationalparks Wattenmeer*

eingewanderte Füchse auf Sylt vermehren sich und vertreiben alle Bodenbrüter.

Wunderbar ist im Herbst der Vogelzug in den Naturschutzflächen, besonders die riesigen, dunklen Schwärme von Staren, man kann die untergehende Sonne nicht mehr sehen: „Sort Sol" – „Schwarze Sonne".

Seit 1985 gibt es den Nationalpark Schleswig-Holsteinisches Wattenmeer (Abb. 58) als größten Nationalpark Deutschlands in der Verantwortung des Nationalparkamts in Tönning und in Zuständigkeit des LKN-SH – „Landesbetrieb für Küstenschutz, Nationalpark und Meeresschutz SH". Dazu gehört auch der touristische Magnet „Multimar Wattforum" für Flora und Fauna des Wattenmeeres in Tönning, das 2021 gerade erweitert wurde. Ein Besuch dort oder gar eine Wattwanderung zeigen unser Wattenmeer mit allen Sinnen. Der europäische Nationalpark Wattenmeer erstreckt sich von Esbjerg in Dänemark die Küste hinunter bis Den Helder in Nordholland und ist seit 2009 ein UNESCO-Weltnaturerbe, in einer Liga mit dem Grand Canyon, der Serengeti oder dem Yellowstone-Nationalpark in USA von 1872, dem ältesten Nationalpark der Welt. Was man wohl nicht vermutet: Im Wattenmeer vor unserer Nase leben so viele Organismen wie auf keinem anderen Fleck auf der Erde, zwei Millionen auf einem Quadratmeter. Im „World Heritage Site" Wattenmeer an der Nordsee, einem überaus stark wirtschaftlich-industriell beanspruchten Randmeer, gibt es einzelne Zonen mit viel oder nicht so viel Naturschutz. Seit Jahren fühlen sich die Kegelrobben und die bereits erwähnten Seeadler bei uns wieder zu Hause. Ein Problem ist immer der Konflikt zwischen Schutz oder Nutzung – wie viel geht? Und die politisch abgesegnete Ölförderung auf der „Mittelplate" mitten im Nationalpark vor Büsum? Wie viel Windenergie, wie viele Schiffe, wie viel Tourismus, welche Landwirtschaft, wie viel Fischerei (die kleine Nordsee liefert unverhältnismäßig große Fischfänge) – wie viel verträgt der Nationalpark, das ist hier die Frage.

Sprachenland Nordfriesland – vier Sprachen seit 1000 Jahren

Wir leben im Sprachenland Nordfriesland: Hochdeutsch, Niederdeutsch/ Plattdeutsch, Friesisch, Dänisch, das ist auch ein Alleinstellungsmerkmal. So etwas gibt es nur in Nordfriesland. Unsere friesische und unsere niederdeutsche Sprache sind 1998 von der UNESCO in die Liste der bedrohten Minderheitensprachen aufgenommen worden. Das heißt, dass in jedem wichtigen Amt, jeder öffentlichen Einrichtung ein Mensch mit Besuchern und Kundschaft Plattdeutsch sprechen kann, mit Hinweisschild: „Wi snacken Platt". In Leck haben wir mit dem Zentrum für Niederdeutsch ein Institut zur Förderung unserer niederdeutschen Sprache. Das wird von Leuten geleitet, die etwas davon verstehen und für jeden einen Ratschlag parat haben, ob für Jugendgruppen, Schulen oder Kindergärten, die gerne etwas für unser altehrwürdiges Niederdeutsch – gar nicht „platt", sondern durchaus anspruchsvoll – tun möchten. Heute wird wieder viel getan für Plattdeutsch und

59 *Woldsen-Haus, Hohle Gasse – Patrizier-Haus aus der Rokoko-Zeit*

Friesisch. Und auch Dänisch will ich hier meinen, denn Husum stand als Teil des Herzogtums Schleswig jahrhundertelang unter dänischer Landesherrschaft, bis 1867 die preußische Provinz Schleswig-Holstein entstand, welche wiederum 1946 mit der Gründung des Landes Schleswig-Holstein endete. Dass hier die dänische Sprache und Kultur auch heute noch zum Alltag gehören, ergibt sich nicht nur aus der geografischen Nachbarschaft, sondern das zeigt uns auch die dänische Minderheit in Politik und Gesellschaft mit eigener Kirche, eigenem Versammlungshaus „Husumhus", mit dänischen Schulen, mit Dänischunterricht an Schulen und der VHS. In der Kopenhagener Erklärung 1955 wurde unser dänisches und schleswig-holsteinisches Miteinander verbindlich vereinbart. Und wenn Königin Margarete II. von Dänemark hierher zu Besuch kommt, so wie im Sommer 2019 und im November 2021, stehen an den Straßen viele Menschen, winken mit dem „Danebrog" und freuen sich – die Königin kommt aus der Adelsfamilie Schleswig-Holstein-Sonderborg-Glücksburg, sie ist „halbe Schleswig-Holsteinerin".

Um finanzielle und ideelle Stützung und Forschung für Friesisch und friesische Kultur kümmert sich das „Nordfriisk Instituut" in Bredstedt. Es gibt sogar Lehrstühle für Friesisch an der Flensburger und an Kiels Christian-Albrechts-Universität. Darum sag ich nun etwas auf Friisk, was wir uns alle wünschen:

„Rüm Hart – Klaar Kiming" – „Großes Herz, klarer Horizont".

Zu Abb. 59: Das Bild auf der linken Seite zeigt ein Woldsen-Stammhaus nahe bei der Schiffbrücke, das Wohn- und Geschäftshaus der Reeder, Senatoren, Kaufleute der Familie Woldsen. Diese hatten schon im 18. Jh. Handels-Kontore in Emden und Hoorn in Westfriesland und haben Husums guten Namen bekannt gemacht. Die Woldsens waren die Schwiegereltern von Johann Kasimir Storm, der mit Lucie Woldsen verheiratet war.

60 *Amtsgericht von 1907 mit Storm-Amtszimmer*

Tourismus, Gastronomie, Hotellerie, Tourismus-Marketing

In Husum spielt die Gastlichkeit eine große Rolle. Husum lebt zum großen Teil von seinen Gästen und bemüht sich sehr darum, dass sich Besucher wohlfühlen und merken, dass sie willkommen sind.
In Husum gibt es eine Reihe guter Hotels, wie z. B.:
Hotel Am Schlosspark, Genießer Hotel Altes Gymnasium, Thomas Hotel Spa Lifestyle, Best Western Plus Theodor Storm Hotel, Hotel Osterhusumer Krug, Nordsee Hotel Hinrichsen, Boutiquehotel Myn Utspann und seit 2018 das Hotel Altes Zollamt – und Hotels Garni.
In Schobüll gibt's kein Hotel, dafür viele Privatvermieter. Verhungern wird man in Husum nicht – bei rund 60 Restaurants, Gastwirtschaften, – mit Schwerpunkt Hafenviertel und Altstadt, Krüge, Imbisse, Cafés und sogar ein Restaurantschiff, den ausrangierten Dampfer Nordertor an der Ecke Schiffbrücke-Hafenstraße. Überall wird man von tüchtigen Wirtsleuten und Servierkräften bedient.
Zuletzt hat der Tourismus in Husum mit und ohne Übernachtungen im Schnitt rund 162 Millionen Euro pro Jahr Bruttoumsatz gebracht. Das sind rund 74 Millionen Euro pro Jahr an Wert-

schöpfung, sozusagen für das Einkommen von Husum – nur aus dem Tourismus. Diese große Geldsumme bedeutet, dass das Husumer Volkseinkommen mit 15 % nur durch den Tourismus verdient wird – in ganz Schleswig-Holstein aber nur mit 6 % durchschnittlich. Die Einnahmen kommen nicht nur der Hotellerie und Gastronomie zugute – auch Freizeit- und Kultureinrichtungen, Museen, Kaufleuten, Sportvereinen, Kinos, Theater und anderen Husumern, dem Stadtbild und der Stadtkasse. „Ohne Moos nix los", wie es in einem bekannten Schlager heißt. Und für Husum lohnt sich die Anstrengung, darum soll der Tourismus auch noch mehr zu einem beständigen, nachhaltigen Tourismus werden, von dem auch nachkommende Generationen noch profitieren können. Die Fachleute planen für das Jahr 2025, wenn alles wieder in besseren Bahnen verläuft als während der Corona-Zeit, mit rund fünf Millionen Gästeaufenthaltstagen. Und davon sollen dann rund 700 000 Übernachtungen pro Jahr sein, mit denen die Touristik-Fachleute rechnen können. Man merkt: Dafür müssen Husumer Stadtplaner, Politiker, die Touristik und das Stadtmarketing oder die Husum Messe und Congress sich richtig ins Zeug legen, unter der Überschrift: Wachstumsstrategie, Infrastrukturplanung und Evaluierung der angestrebten Ziele in stetigen Treffen der zuständigen Gremien. Für Husumer und die Menschen rund um Husum bedeutet es, dass wir unseren Gremien, Fachleuten und der Kommunalpolitik genau auf die Finger schauen und Bescheid sagen, wenn da etwas aus dem Ruder läuft – aber auch, dass wir sie für ihre gute Arbeit loben. Denn alles kostet Geld von uns Steuerzahlern. Eine wesentliche Rolle spielt dabei die „Tourismus und Stadtmarketing Husum GmbH", TSMH, das ist ein selbständiger Wirtschaftsbetrieb, kein städtisches Amt. Für die TSMH arbeiten zurzeit rund 30 Stadtführer und Reiseleiter als Dienstleister für Busreisen, Touristen- und Reisegesellschaften. Es gibt von März bis Oktober und in der Weihnachtszeit bis in den Januar hinein meist tägliche Stadtführungen – auf Wunsch auch auf Plattdeutsch, Englisch und Dänisch – siehe die Tourist Information Husum. Husum hat seit Jahren viele Gäste nicht nur aus ganz Deutschland, sondern auch aus den Nachbarstaaten zu Besuch, aus Dänemark, Schweden, den Niederlanden, Belgien, Frankreich, Österreich, der Schweiz, sogar auch aus Japan und China – Husum ist weltoffen. Und die meisten Gäste mögen unsere Nordsee, das Wattenmeer, die Inseln, die Marschenlandschaft, die Haubarge, die Altstädte von Husum, Tönning und Friedrichstadt. Gäste aus Flandern, den Niederlanden oder Dänemark freuen sich über historische Gemeinsamkeiten in Architektur, Sprache, Geschichte. Reisegruppen können bei einer Besichtigung im Schloss der Schleswig-Holstein-Gottorfer auch über historische Beziehungen zu Russland staunen, wenn sie dort Gemälde sehen von Zar Peter dem Großen, Herzogin Augusta und Zar Peter III., mit Zarin Katharina verheiratet. Die Zaren ab Peter III. stammen nämlich aus dem Herrscherhaus Holstein-Gottorf.

61 *Kleine Straße – eine frühere Fischerstraße*

Zu Abb. 61: Die Kleine Straße ist eine schmucke Altstadtstraße. Die Rosen blühen im Sommer bestimmt wieder, wartet man's ab. Kopfsteinpflaster und Kletterrosen gehören zum Stadtbild von Husum und anderer nordfriesischer Städte und Gemeinden – in Friedrichstadt, Tönning, Garding, Bredstedt, Niebüll, Leck oder bei den dänischen Nachbarn Tondern und Mögeltondern, dem „schönsten Dorf Dänemarks".

Die Husumer Gemeinde-Selbstverwaltung, das Stadtverodnetenkollegium

Husums Stadtverordnetenkollegium hat sich nach der Schleswig-Holsteinischen Kommunalwahl 2018 neu aufgestellt: Die CDU hat 8 Sitze, die SPD 7, Bündnis 90/Die Grünen 5, die FDP 1, der SSW 2 und die WGH (Wählergemeinschaft) 4 Sitze, macht zusammen 27. Die haben als neuen Bürgervorsteher Martin Kindl von der CDU als Nachfolger von Peter Empen, SPD, gewählt. Der alte Bürgermeister ist auch der neue, wird von allen Husumer Wahlberechtigten gewählt und heißt wieder Uwe Schmitz. Der Bürgermeister,

62 *Husumer Rathaus mit alten Werfthellingen – von Westen aus*

Chef der Stadtverwaltung, ist als Verwaltungsbeamter Chef im Rathaus. Der Hauptausschuss koordiniert die Arbeit in den Fachbereichsausschüssen: Die Ausschüsse für Finanz- und Wirtschaft, Bauausschuss, Werkausschuss, Ausschuss für Schulen, Kultur und

63 *Kreativprojekt 2021 der Kulturstiftung und Stadt: Storm-Gedichte auf Verteilerkästen, von der Kreativkünstlerin und Illustratorin Eva Muggenthaler*

Sport und Umwelt- und Planungsausschuss. Jeder Ausschuss hat einen Vorsitz, Frau oder Mann, als politischen Vertreter einer Partei. Im Schul-, Kultur- und Sportausschuss ist z. Z. Peter Knöfler vom SSW Vorsitzer als Vertreter der dänischen Minderheit.
Husum ist ein „Mittelzentrum im ländlichen Raum", Kreisstadt von Nordfriesland, hat rund 23 500 Einwohner und hat als Kreisstadt eines der größten Landkreise Deutschlands auch zentrale Aufgaben: Gesundheitsamt, Krankenhäuser, Kreisberufsschulzentrum, Gymnasien, Gemeinschaftsschulen, überregionale Museen, Arbeitsamt und mehr. Husum verwaltet das Amt Pellworm mit, dort leben zu wenig Menschen. Nötig sind Stadtplanung und ein Stadtentwicklungskonzept. Das letzte ist von 2006, ein neues ist in Vorbereitung. Es gibt ein Entwicklungskonzept für das Gewerbegebiet Ost, das seit 1965 bis heute immer größer wird. In einem neuen Abschnitt sollen ein neues Schwimmbad und Sportanlagen entstehen. Die Stadt ist in verschiedene Siedlungsviertel eingeteilt, die „Siedlungsporträts". Die Stadt ist über Jahrhunderte gewachsen, hat sich unter unterschiedlichsten Bedingungen ausgedehnt. Das schafft Probleme bei flächendeckender Sanierung.

Jahrhunderte an Traditionen und Brauchtum in Husum und Nordfriesland

Als Teil einer alten Kulturlandschaft gibt es in Husum und Nordfriesland in Jahrhunderten gewachsene Traditionen in Brauchtum, Kleidung, Architektur, im Alltag und in der Lebensführung. Diese Traditionen sind zwar durch natürliche und gesellschaftlich-politische Ereignisse verändert oder teils selten, aber sie sind es wert, behütet und geachtet zu werden oder werden in Museen sorgsam bewahrt.
1. Die nordfriesische Sprache mit ihren neun Dialekten – das Sylter, das Föhringer, das Halunder, das Amringer Friisk ... und mehr. Das ist einmalig in Deutschland.

64 *Friesischer Weihnachtsbaum – Friesenbaum, Jöölboom,*

2. Wir leben in Nordfriesland in einem Viersprachenland: Friesisch, Plattdeutsch, Hochdeutsch und Dänisch, zum Teil seit tausend Jahren gesprochen. Die vier Sprachen werden gepflegt in Schulen, Zeitungen, Büchern, Medien und Vereinen, aber das hat nur Erfolg, wenn die Menschen vor Ort mitmachen. Und das geschieht in Niederdeutsch-Kursen, Schul- und VHS-Unterricht, Theatervereinen und -gruppen, Tanz- und Trachtenvereinen in vielen Dörfern und in Husum. Auch Friisk-Theaterspielkreise gibt es – nicht so viel wie Plattdeutsch, aber gleichwohl. Dänische Vereine und Schulen bieten auch Theaterspiel und Musik an.
3. Schon fast wieder allgegenwärtig an der Küste ist in Nordfriesland das Biikebrennen, das seit 2014 immaterielles Kulturerbe ist.

Das war nahezu verschwunden, hat sich aber in den letzten Jahrzehnten wieder Husum und die Dörfer zurückerobert. Vielleicht wegen des Einsatzes vom Nordfriisk Instituut in Bredstedt, das sich seit 1965 nachdrücklich einsetzt für die Nordfriesen, lange Jahre mit dem Institutsleiter Professor Dr. Thomas Steensen und seinen Mitstreitern Fiete Pingel, Dr. Claas Riecken. 2018 wurde ein neuer Leiter gewählt, Dr. Christoph G. Schmidt.

4. Dann das Rummelpottlaufen, das noch aus vorchristlicher Zeit stammt und immer bekannt war. „Rummelpott" gehörte auf den Dörfern und in Husum zum Altjahrsabend wie der Tannenbaum zu Weihnachten, auch für die Hochdeutschen.

Der richtige Rummelpott, den Pott zum Rummeln so wie früher einmal, gibt es nicht mehr, aber Rummelpottlaufen geht auch ohne Rummelpott, man kann auch anders Krach machen und böse Geister vertreiben. Was ein Rummelpott ist? Das ist ein Pott ohne Deckel, über den im Original eine Schweinsblase vom letzten Schweineschlachten gespannt ist, die an der Topfkante mit Tau befestigt wird. Durch die gespannte Haut der Schweinsblase wird vorsichtig ein Reethalm durchgesteckt. Der Halm wird dann rauf und runter durch die Schweinsblase bewegt, das erzeugt einen brummenden, dumpfen Ton wie der Gesang der Rohrdommel. Der Rummelputt ertönt im Dunkeln schon sehr eigenartig, so eine Art friesisches Didgeridoo – unheimlich, unwirklich.

5. Dann das Ringreiten, auch das hat es ohne Unterbrechung bei uns gegeben. Es wird aber seltener, heute werden Reiter und Pferde knapper, ist aber eine schöne Tradition in Husum oder in den größeren Dörfern immer noch ein großes Ereignis. Auch Husum hat einen Ringreiterverein. Das Ringreiten wurde 2021 in das „Bundesweite Verzeichnis des immateriellen Kulturerbes" aufgenommen.

6. In unseren Dörfern an der Küste, in Rödemis, rund um Husum, auf Eiderstedt, ist das Boßeln ein altes Brauchtum. Das ist eigentlich ein

nordwesteuropäischer Brauch, der bis hin zu Europameisterschaften in den Niederlanden, Flandern, Irland und hier in Nordfriesland zu Hause ist. Es gibt Unterschiede. Die auf Eiderstedt und um Husum spielen Boßeln in den Marschen und auf dem Vorland der Deiche; sie werfen die Boßelkugel, etwa apfelgroß, auf ein bestimmtes Mal, z. B. eine Tonne. Die hölzerne oder Hartgummikugel wird mit Schwung weit geworfen, es wird aufgepasst, wo die Kugel den Boden trifft, die Weite wird gemessen. Die Spieler versuchen, das besagte Mal mit weiten Würfen zu erreichen, weniger bzw. weitere Würfe bestimmen den Sieg. So wird das auch beschrieben in Theodor Storms Novelle „Der Schimmelreiter", in der Szene, wo Hauke Haien als Großknecht des Deichgrafen das Boßeln für die Mannschaft der Marsch gewinnt. In der nordfriesischen Marsch gab es große soziale Unterschiede: oben der Deichgraf, Pastor, Schulmeister, dann die Bauern je nach Landbesitz, unten die Tagelöhner, Knechte und Dienstmädchen, die „Köökschen". Die Knechte und „Köökschen" von der Geest standen in der Gesellschaft unten, hatten keine Teilhabe an den großen Ereignissen. Ganz unten: die „Monarchen", Landstreicher, Scherenschleifer, das fahrende Volk.
Das Boßeln wird auf der Geest als „Straßenboßeln" gespielt, auf Straßen und Wegen. Die Spieler werfen die Boßelkugel vor sich her, ein Spieler nach dem anderen. Sieger ist, wer mit seinem Wurf zuerst bei dem Endpunkt, dem Mal, ankommt. Seit Jahren gibt es auch Frauenboßeln rund um Husum herum, z. B. in Simonsberg, der Südermarsch und auf Eiderstedt.
7. Nun könnte ich noch den Friesenbaum nennen, den friesischen Jöölboom (Abb. 64). Das ist ein Stock oder ein Holzstab, an den man zwei, drei Leisten waagerecht befestigt, die untere etwas länger als die obere. Dieses Grundgerüst wird auf einem Holzbrett oder in einem Blumentopf befestigt. Um das Baumgerüst spannt man einen Draht oder eine Holzleiste wie einen Rundbogen. Daran

wird Buchsbaum oder vielleicht Efeu gebunden, kleine rote Weihnachtsäpfel und „Kindjestüüch" hineingehängt. Früher gab es auf den Inseln, Halligen und in der Marsch keine Tannenbäume, darum haben die Menschen sich anders beholfen. „Kindjestüüch/Kinkentüüch" – das plattdeutsche oder friesische Wort für Weihnachtsmann war früher „Kinken Jees" – hochdeutsch „Kindchen Jesus" oder „Sünnerklaas", vergleiche englisch „Santa Claus", der mit seinem „Knecht Ruprecht" unterwegs war. Die „Kindjestüüch"-Figuren sind meist aus Salzteig, aber auch aus Kuchenteig – zum Essen nach der Weihnachtszeit. Zu den Figuren gehören Ochse, Esel, Adam und Eva, vielleicht ein Fisch, ein Hahn – als Symbole für Weihnachten und Fruchtbarkeit. Die Friesenbäume haben sich mit den Jahren wieder weit verbreitet und gelten inzwischen als typisch nordisch-friesisch – sie gelangen durch den Tourismus auch in andere Landschaften.

8. Friesisches Essen & Trinken: Zuerst die Futjes, ein Fettbgebäck wie Berliner, die gibt es auch in Husum vor allem im Herbst/Winter, lecker mit oder ohne Zucker, immer mit ein paar Rosinen im Teig. „Weinsuppe und Schinken" ist landschaftstypisch für Feiertage. Oder „Schwarzsauer", die uralte nordische Blutsuppe aus gekochtem Schweineblut mit „Snuten und Poten" – Schweinerüssel, Pfoten, gekochten Schweineschwänzen, Schweinsohren, Leber, Herz, Nieren, Lorbeer, Piment – und Essig als deftiges Winteressen nach dem Schlachten im November, lange haltbar in braunen Steintöpfen.

9. Was ist das „Lotto, Verspielen oder Bingo"? Beim uralten Verspielen oder Lotto in Nordfriesland sitzt der „Speelbaas" als Spielleiter und Ausrufer am Extratisch und hält einen Stoffbeutel mit 99 kleinen, nummerierten Holzstücken in der Hand. Darauf stehen einzelne Zahlen von 1 bis 99. Der Ausrufer nimmt immer nur eine Zahl und ruft diese laut in den Saal allen Mitspielern zu. Jeder Spieler hat vor sich auf dem Tisch ein, zwei oder drei Pappen, seine Karten.

Für jede Karte muss er seinen Einsatz bezahlen. Auf jeder Karte sind fünf Reihen mit je fünf Zahlen. Ein Spieldurchgang dauert meist so lange, bis der Ausrufer seine Zahlen ausgerufen hat. Wenn nun der Ausrufer eine Zahl ruft und du hast die Zahl auf deiner Karte, legst du ein Glasstück auf diese Zahl. Wenn du in einem Durchgang eine oder mehr Karten mit den richtigen Zahlen voll hast, rufst du laut „Pott". Der erste Pott-Rufer bekommt einen besseren Gewinn als der zweite. Das Hallo ist groß, vielleicht hätte ein anderer Mitspieler auch gerne „Pott" gerufen. Der Hauptpreis kann sogar ein halbes Schwein sein. Das „Lotto oder Verspielen" macht viel Spaß, ist ein fröhlicher Spieleabend.

10. Die Friesentracht steht in Ehren auf Sylt, Föhr, Amrum, Hooge. Oder die traditionellen Spielmannszüge in farbenfrohen Uniformen, z. B. „Spielmannszug und Jugendblasorchester Rödemis-Husum", die Spielmannszüge Hattstedt und Bredstedt bereichern unsere Festtage und holen viele Preise bei internationalen Spielmannszug-Treffen in Dänemark und den Niederlanden.

65 *Historischer Hardesvogthof / Harringhof 1764*

66 *Hof Poggenburg heute (Neubau von 1870)*

Museen und Galerien in Husum

Nordfriesland Museum. Nissenhaus
Herzog-Adolf-Str. 25
25813 Husum
☎ Tel. 04841-2545
✉ info@museumsverbund-nordfriesland.de
Präsentiert als größtes Museum der Westküste Dauerausstellungen und wechselnde Ausstellungen zu Nordfrieslands Historie: Rungholt, Deichbau und Küstenschutz früher – heute; Sturmfluten – Halligleben. Nordfriesische Wohnkultur mit Freilichtmuseum eines Hallig-Fischerhauses; historische Modelle friesischer Bauernhäuser und Mühlen; Lebensbilder und Dauerausstellung über Ludwig und Catherine Nissen als Museumsstifter und als Beispiele für die nordfriesische Auswanderung nach Amerika; Ausstellungsstücke und viel große Malerei der Nissenstiftung. Interaktive Ausstellung zum

Lebensraum Wattenmeer; der Nationalpark Wattenmeer; Nordfriesische, regionale Malerei – z. B. Hans Peter Feddersen, Richard von Hagn, Albert Johannsen, Ingwer Paulsen, Carl Ludwig Jessen, Käte Lassen ... Hunderte Bilder liegen im Depot, dann wechselnde Exponate des Museumsarchivs zur Heimatgeschichte. Das Museum besitzt mit der Nissenstiftung die größte Kunstsammlung US-amerikanischer Kunst um 1900 in Deutschland. Sonderausstellungen wechseln zweimal oder mehr pro Jahr; die von 2021 hieß „GEWALTIG! NORDSEE" – eine interaktive Ausstellung über Nordfrieslands vorsichtige Symbiose mit Nordsee und Wattenmeer. Das Museum bietet QR-Codes-Nutzung und Audioguides für eigene Erkundungen. Auch Führungen auf Plattdeutsch; Themenführungen; Musik- und Theateraufführungen. Museumsshop mit viel Literatur und Kleinkunst, Museumspädagogik mit Projekträumen für Werkstattarbeit.

Schloss vor Husum
König-Friedrich-V.-Allee,
25813 Husum
✆ Tel. u. email: siehe Nordfriesland Museum
Dauerausstellungen: Herrschaftliche Wohnkultur – Wohnen – prunkvolle Kamine – Rittersaal für Festveranstaltungen – Schloss-Modell um 1600 – Schlosskapelle – Arrestkeller; Poppenspäler-Museum als eigene Abteilung: Marionetten und Puppen früherer Marionettenspieler, Bühnentypen; Bühnenbilder; wechselnde Sonder- und Kunstausstellungen im Dachgeschoss. „Pole Poppenspäler Tage" – ein internationales Figurentheater-Festival; Theater; Standesamt-Trauungen im Fortuna-Saal; „Raritäten der Klaviermusik" und „Liedkunst" als internationale Veranstaltungen; Museumsshop mit viel Fachliteratur und Kunst. Historische Schlosskapelle. Führungen – Kostümführungen – Lesungen – Vorträge – Audioguides, eindrucksvoll restaurierter Barockgarten auf der Ost- und Südseite.

Ostenfelder Bauernhaus
Nordhusumer Straße 13
25813 Husum
☎ Tel. u. email: siehe Nordfriesland Museum
Ältestes deutsches Freiluftmuseum von 1899 – ein Niedersachsen-Fachhallenhaus von um 1570 aus Ostenfeld bei Husum, abgebaut und als Original in Husum auf dem Grund der Woldsen-Stiftung wieder erbaut – mit Ständerwerk aus 50 Eichenstämmen – Mensch und Vieh unter einem ausladenden Reetdach, einst ohne Abtrennung in Wohn- und Stallteil – offene Feuerstätte – Wohn- und Arbeitskultur des Bauern und der Familie bis um 1850 – „Siddels", die ursprüngliche Wohn- und Sitzecke, „Altenteil", „Alkoven"; „Döns"-Wohnstube von 1789 mit friesischen „Sonne-Mond-Sterne"-Fliesen – und Delfter Fliesen, „Bilegger"-Ofen, Alkoven mit Holzschnitzereien – Bauerngarten mit Buchsbaumumrandungen, Blumen, alten Apfelbäumen, Linden, Bienenstöcke. Offen Dienstag bis Sonntag 14 bis 17 h ab Ostern bis Herbstferien, im Winter seltener. Hoch- und Plattdeutsche Führungen, Lesungen; Audio-Installation – Bauernhof-Geräusche, kleiner Museumsshop.

Theodor-Storm-Haus, Museum
Wasserreihe 31
25813 Husum
☎ Tel. 04841-8038630
✉ info@storm-gesellschaft.de
1866–1880 Wohnhaus der Familie Theodor und Dorothea Storm und der acht Kinder; Museum mit 14 Räumen – z. T. Originalzustand; jede Stube mit Exponaten aus Storms Leben und Werk – jedes Zimmer für einen Lebensabschnitt: Kindheit und Jugend, Studienzeit, zurück in Husum 1843–1852, Exilzeit 1852–1864, wieder in Husum als Landvogt 1864–67, Husum als Literatur-Hotspot

1866–1880, letzter Lebensabschnitt in Hademarschen 1880–1888; Storms Arbeitszimmer „Poetenstübchen"; Landvogt-Zimmer; viele Infos – viele Fotografien, Lyrik- und frühe Novellenexponate nach dem Zeitgeschmack der Stormzeit. Storms Garten mit teils seltenen Rosen und Blumen. Führungen im Museum, Themen- und Stadtführungen, z. B. „Auf Storms Spuren in Husum"; Gartenführungen – Lesungen, Vorträge. Sitz der Theodor-Strom-Gesellschaft; internationale „Theodor-Storm-Tage" um den Storm-Geburtstag 14. September mit Experten und Publikum; Publikationen; Seminarraum. Sonderausstellung „Weihnachten bei Storms"; Museumsshop. Nebenan sitzt das Theodor-Storm-Archiv.

Schiffahrtsmuseum Nordfriesland
Zingel 15
25813 Husum
✆ Tel. 04841–5257
✉ schiffahrtsmuseum-nf@t-online.de
Das größte Schifffahrtsmuseum in Schleswig-Holstein; drei Etagen voll mit reichhaltigen Sammlungen zu 1000 Jahren Seefahrt. Segel- und Plattbodenschiffe, Handels- und Kriegsschiffe; Dampfschiffe, Historie der Walfang– und Grönlandfahrt; Holzschiffbau, viele Modellschiffe und Originalteile; DGZRS – Deutsche Gesellschaft zur Rettung und Bergung Schiffbrüchiger mit der Historie dazu; Fischerei und Husumer Hafen. Draußen der Tonnenleger Hildegard und viele außergewöhnliche Original-Exponate; das Uelvesbüller Frachten-Segelschiff – ein 400 Jahre altes, konserviertes Schiff in einem großen Hallenanbau aus Glas und Stahl, seltene Exponate aus der Jungsteinzeit. Museumsshop. Führungen – täglich offen von 10–17 Uhr.

Weihnachtshaus
Westerende 46
25813 Husum
Tel. 04841-6685908
wunschzettel@weihnachtshaus.info
Ausstellungsräume für die renommierten, umfangreichen Sammlungen von Alix Paulsen auf drei Etagen in einem historischen Großbürgerhaus von um 1900; ein großer „historischer Laden" mit erstaunlich viel Auswahl. Verschiedene Sammlungen zur Advents- und Weihnachtszeit; Spielzeug, Weihnachtsschmuck, Tannenbaumschmuck aus Franken, Thüringen, Sachsen und dem Erzgebirge in historischen Sammlungen; Kriegsweihnachten; Weihnachtspyramiden; Historie von Lametta und Engelshaar; der Weihnachtsbaum der Theodor-Storm-Familie; ein große Sammlung von Nussknackern – klein bis fast kindergroß. Weihnachtsküche und Weihnachtsbäckerei; Krippensammlung. In dem historischen Laden und Museumsshop gibt es eine Auswahl an Büchern, auch von der Verlagsgruppe Husum: Heimat- und Regionalgeschichte, Nordfriesland-Bücher, Bücher zu Weihnachten, Kinderbücher, Kunstbücher, Kalender. Führungen für Gruppen. Täglich 11–17 Uhr, Mitte Januar bis Mitte Februar geschlossen. Mitte Februar bis Mitte März 14–17 Uhr.

Stadthaus der Herzogin Augusta von Dänemark
Markt 1
25813 Husum
Halb Museum, halb Galerie: Historisches Renaissance-Haus von etwa 1440, heute im Besitz der Familie Gesche und Bernd Biermann mit der einmalig restaurierten Renaissance-Stuckdecke der Herzogin Augusta, eine der schönsten in Deutschland; Besichtigung lohnt sich. Zwei Etagen mit alten historischen Treppen. Das Haus wurde von Juli 2020 an aufwändig restauriert, mit Laden „Markt

No. 1" für Kunstgewerbe, präsentiert sich für Gäste anspruchsvoll in historischem Zustand. Im Obergeschoss mit Marktblick und als Perle ein kleines, aber feines Husumer Stadtmuseum – für historisch Interessierte.

Galerie Lüth
Altendorfer Str. 21
25813 Husum-Schobüll
✆ Tel. 04846-450
6 km von Husum
Der pictus-Verlag veröffentlicht die Dokumentation der Ausstellungen. Die Galerie ist in einer alten friesischen Reetdach-Fischerkate von 1790 mit niedrigen Stuben untergebracht. Sicht auf die Nordsee, kein Deich vor der Nase. Rund zehn wechselnde Ausstellungen pro Jahr; realistische, grafische, abstrakte Kunst von regionalen, nordfriesischen, auch anderen Künstlern meist aus Deutschland. Zusammenarbeit mit Museen. Für Besucher gibt's eine Tasse Kaffee oder Tee. Auf Wunsch mit Führung.

Galerie Tobien
Neustadt 4
25813 Husum
✆ Tel. 04841-64800.
✉ info@galerie-tobien.de

Die Husumer Galerie hat eine Fach-Werkstatt und eine Vergoldermeister-Werkstatt für Bilderrahmen. Malerei, Fotografie, Papierkunst, Grafik – realistisch bis abstrakt; große Auswahl bekannter Künstler – Armin Mueller-Stahl, Horst Janssen, Klaus Fußmann, Norddeutsche Realisten, Künstlerinnen wie z. B. Frauke Gloyer. Immer einen Besuch wert.

Galerie Peters
Treibweg 41
25813 Husum
☎ Tel. 0175-2211300
Zweite Galerie & Antiquariat:
25856 Hattstedt
Bundesstr. 48
6 km von Husum
In Husum originell untergebracht in einem historischen Viehstall. Mit wechselnden Ausstellungen; Themen-Malerei, Norddeutsche Realisten, Maritime Malerei, Landschaftsmalerei, meist norddeutsche Künstler. Auch Ausstellungen in Museen.

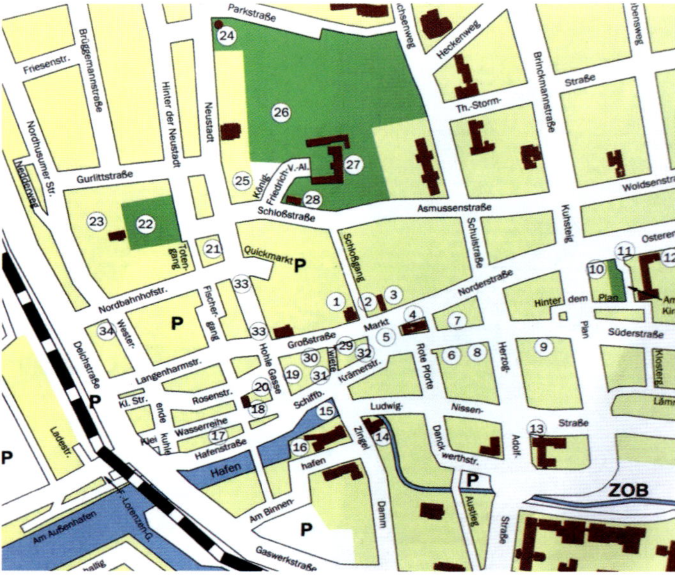

67 *Stadtplan Husum – die Innenstadt*

1 Altes Rathaus, Tourist-Info **2** Herzogin Augusta-Haus und Herrenhaus **3** Storms Geburtshaus **4** Marienkirche **5** Tine-Brunnen (1902 Adolf Brütt) **6** Königl. Gymnasium 1867 **7** Wohnhaus Hermann Tast, Reformator **8** Storms Wohnhaus 1864–1866 **9** Alter Schützenhof **10** Scharfrichterhaus **11/12** St. Jürgens-Kirche mit St. Jürgensstift, Familiengrab Woldsen/Storm **13** Nordfriesland Museum Nissenhaus, ZOB, Husumer Au, Hauptbahnhof **14** Schifffahrtsmuseum Nordfriesland, gegenüber das neue Rathaus **15** Schiffbrücke, alte Schleuse, Hafen **16** Slippanlage, alte Husumer Werft **17** Hafenstraße mit Husumer Speicher **18** Stormhaus, Stormmuseum **19** Storms Elternhaus **20** Woldsen-Stammhaus **21** Storms Haus 1845–1853 **22** Neustädter Kirchhof **23** Ostenfelder Bauernhaus, Freilichtmuseum **24** Alter Wasserturm **25** Kavaliershaus **26** Storm-Denkmal (Adolf Brütt) **27** Schloss vor Husum von 1582 und Schlossgarten **28** Torhaus (1612) **29** Danckwerth-Haus **30** Wernersches Haus **31** Ecke Twiete/ Schiffbrücke **32** „Aquis submersus"-Haus **33** Viehmarkt-Skulptur **34** Weihnachtshaus

Husum – Who is who – Was ist was? Namen und Fachbegriffe

Asmussen-Woldsen-Vermächtnis: Stiftung 1859 von Anna Catharina Asmussen (A. C.) und ihrem Vetter August Friedrich Woldsen (A. F. W.), beide aus Husumer Patrizierfamilien – Bierbrauer, Bauern, Kaufleute und Senatoren. A. C. war Tochter des Husumer Bierbrauers Asmussen, der mit einer Woldsen verheiratet war. A. C. wurde Mitbesitzerin der Brauerei und Alleinerbin des Roten Haubargs auf Eiderstedt. Ihr Vetter A. F. W. war 1866 Stifter des Witwenstifts auf dem Gartengrund der Familie Woldsen. Beide unverheiratet, stifteten sie rund 90.000 dänische Rigsdaler zusammen mit Häusern, Grundstücken, die Brauerei, den Roten Haubarg, und der hatte 123 Hektar bestes Marschland. Beiden zu Ehren ließ Husum 1903 auf dem Marktplatz den Asmussen-Woldsen-Gedächtnisbrunnen aufstellen – von Bildhauer Adolf Brütt. Asmussen-Straße und Woldsen-Straße wurden nach den zweien benannt. Diese Stiftung wirkt seitdem zum Wohle Husums und ist wichtiger Baustein im Stadthaushalt.

Backsteingotik, norddeutsche: Abwandlung der Niederländischen Renaissance-Architektur mit dem Ursprung Flandern und Holland, Baustil vom 14. bis 17. Jahrhundert in der Hansezeit in Norddeutschland, an Nord- und Ostsee. Denk an Dome und Kirchen, Rathäuser, Bürgerhäuser. Dazu zählen in Husum das Schloss, Kavaliershaus, Rathaus, Herrenhaus, Herzogin-Augusta-Haus, Wernersches Haus, Bürgermeister Danckwerth-Haus (heute CJ Schmidt).

Bierbrauerei: Husum hatte um 1750 über 50 Brauereien, Mälzereien, Wind- und Wassermühlen. Größte Brauerei war die Herrenhaus-Brauerei von 1760 im Schlossgang, die hat existiert bis um 1970 – und gehörte lange der dänischstämmigen Familie Fuglsang. Den heutigen Fuglsangs in Haderslev/Kopenhagen gehören die Carlsberg-Brauerei und weitere.

Brütt, Adolf: Ein angesehener Bildhauer um 1900, geboren 1855 in Husum, hat für Husum die Tine auf dem Markt und das Storm-Denkmal beim Schloss geschaffen, auch das berühmte Denkmal an der Berliner Humboldt-Universität für den Professor und Nobelpreisträger Theodor Mommsen, dem Freund Theodor Storms. Leitete eine eigene Bildhauerschule in Dresden. Eine Straße in Husum ist nach ihm benannt.

Commerzium Husum: Von König Christian VI. 1738 für Husum gegründet. Diese Commercien gab es damals überall, um den „Commerce" zu fördern. Einer der Vorsitzenden war der Herrenhaus-Brauerei-Eigentümer Fuglsang. Heutige Aufgabe des Commerziums unter dem Dach der Werbegemeinschaft: Sich um Hafen, Markt, Transport, Verkehr, Tourismus zu kümmern und Husum stark für die Zukunft zu machen, auch mit neuen Zweigen wie Windenergie, energetisches Bauen, Startup-Unternehmen mit öffentlicher Förderung oder die „Shopping Mall".

Deich: Das ist ein Wall aus Kleierde, der das Acker- und Weideland vor Sturmfluten schützen soll. Die ersten Deiche wurden in Nordfriesland um 1100 gebaut, an der Elbe oder in Westfriesland schon 100–200 Jahre früher. Die ersten Deiche waren nur 1,50 hoch und hatten einen Deichfuß von nur sieben Metern. Heute sind die Nordseedeiche bis 8,70 m hoch und haben einen Deichfuß von rund 140 m. Die modernsten heißen „Klimadeiche" – da kommt bei einem drohenden Wasseranstieg in kurzer Zeit eine Kappe aus Klei von knapp einem Meter oben drauf. Seit 50 Jahren sind die Deiche bei uns feste „Sandkerndeiche" mit einem Kern aus aufgespültem Nordseesand, der verfestigt und mit einem Kunststoffvlies bedeckt wird, dann ein knapper Meter Klei und zuletzt Grassoden. Auf den Deichen laufen Schafe, die den Boden mit ihren kleinen Hufen festtreten; größere Tiere würden den Deich und die Deckschicht schädigen.

Eiderstedt: Um 800 von Friesen aus West- und Ostfriesland besiedelt; zusammengewachsen aus den drei Hauptinseln Eiderstede, Utholm und Everschop. Dazwischen liefen viele Wasserwege, auf denen Handel und Verkehr gingen – zu den Haupthäfen Tönning, Garding, über die Treene weiter nach Hollingstedt und Haithabu/ Schleswig. Eiderstedt wurde reich mit Ochsenmast, Viehzucht, Milchwirtschaft, mit Holländereien, Butter und Käse-Export bis nach Frankreich, davon zeugen mächtige Bauernhöfe wie die Haubarge und auch große Backsteinkirchen.

Friedrichstadt: Gegründet 1621 unter Herzog Friedrich III. als Handelsplatz am Nordsee-Eider-Treene-Wasserweg. Er erlaubte trotz seiner evangelischen Staatsraison Hunderten niederländischen Religionsflüchtlingen die Zuwanderung. Das waren vor allem Remonstranten, Mennoniten, aber auch Katholiken, später unter Dänemark auch Juden. Zuletzt gab es um die zehn Religionsgemeinschaften mit eigenen Gottesdiensten, Friedhöfen, Kirchen. Friedrichstadt ist als niederländische Grachtenstadt schachbrettartig angelegt, die Treene wurde abgesperrt, deren Wasser durch die Stadt und für den Bootsverkehr durch Grachten mit Schleuse in die Eider geleitet, die Häuser in niederländischer

Backsteinbauweise auch mit Treppengiebeln gebaut. 1850 wurde Friedrichstadt von schleswig-holsteinischen Truppen schwer mit Artillerie beschossen und teilweise zerstört, aber in einer Kraftanstrengung wurde vieles wieder aufgebaut.

Friesen-Vieh, Friesenpferde: Gelten als beste Rinder und Pferde Nordeuropas, bestimmten die europäische Landwirtschaft. Friesenrinder sind die bekannten Schwarzbunten, sie heißen Friesian oder Holstein-Friesian. Friesenpferde sind pechschwarze, große Pferde, ursprünglich Kaltblut-Arbeitspferde, später veredelt zu Warmblut, heutzutage als Kutsch- und Reitpferde, nicht mehr als Arbeitspferde. Das Hauptzuchtgebiet der Friesen ist in Westfriesland.

Friesensalz: Die alten Friesen haben ihr eigenes Salz gewonnen aus Torf. Sie haben die Kleischicht oder Wattbodenschicht über dem Torf abgegraben, dann den Torf „gestochen" und draußen getrocknet, dann den Torf verbrannt, die Asche in großen Kesseln mit Salzwasser gekocht, verdunsten lassen und gefiltert, bis aus einer Salzlake nach weiterem Kochen das Salz übrigblieb – das „Weiße Gold der Friesen" – Friesensalz. Das machten die Salzsieder, und das Salz, eine Art Meersalz, wurde, weil es damals Steinsalz oder mediterranes Salz bei den Friesen nicht gab, mit reinem Silber bezahlt. Auch Husum hatte eine Salzsiederei bei „Soltbargen" unweit der Nordseeküste – bis 1738. Um 1520 hat Kaiser Karl V. das Friesensalz in seinem Kaiserreich verboten. Die dänische Königsstadt Ripen erhielt das Handelsmonopol für Friesensalz.

Gottorf: Schloss bei Schleswig aus dem Mittelalter. Dort an der Westseite der Schlei als Wasserweg lag seit um 1100 Schleswig als Nachfolger von Haithabu, das 1066 aufgegeben wurde. Der dänische Name Gottorp ist übergegangen auf die Gottorfer Herzöge, die auf dem Schloss regierten – die kamen seit 1459 aus dem Herrschergeschlecht der Oldenburger, die von dann an auch die Könige in Dänemark stellten.

Grote Mandränken: Großes Menschenertrinken – früher die größten Sturmfluten, wie die Julianenflut 1164, Rungholtflut 1362, Nordfrieslandflut 1634, Sturmflut 1717, Weihnachtsflut 1756. Die haben das alte Nordfriesland angegriffen und nur das Wattenmeer, einige Inseln wie Sylt, Föhr, Amrum, Strand und die Halligen hinterlassen. Die verheerende Wirkung lag auch an den Deichen, die viel niedriger waren als heute.

Gulden, Dukaten, Daalders, Daler, Taler, Schillinge: Früher die wichtigsten Geldstücke in Nordwesteuropa. Die Niederländer zahlten mit Gold- und Silberdukaten, Daalders, Gulden und Stuivers (Schillinge). Die Dänen hatten Rigsdaler, Schillinge, Speciesdaler und Danske Mark, wie Schleswig-Holstein. Dann gab es bald das Courant-Geld bei uns und in Hamburg und Lübeck, das war auch Silbergeld. Die silbernen Speciesdaler wurden bis rund 1870 wichtig für den Husumer Viehmarkt: Das Vieh wurde mit „Spetjes" (Speciesdalers) bezahlt; erst ab 1888 wurde Papiergeld in Reichsmark eingeführt.

Gurlitt, Emanuel: Bürgermeister von Husum 1873–1887.
Gurlitt ist geboren im dänischen Altona, wurde 1849/50 Soldat und in der Schlacht von Idstedt, in der die Dänen gegen die Schleswig-Holsteiner siegten, schwer verwundet – er war „kriegsversehrt". Er kam aus der großen Gurlitt-Familie. Er galt als der schwerste Bürgermeister Deutschlands. Er ist einer der wichtigsten Bürgermeister, denn er hat für Husum den modernsten

Viehmarkt Deutschlands durchgesetzt; den Ausbau des Hafens hat er aber nicht durchsetzen können. Er schriftstellerte nebenbei, war Freund Theodor Storms und sprach gerne Platt. Begraben wurde er 1896 auf dem Westfriedhof; die Grabstelle ist noch da.

Hallig: In den „Groten Mandränken" sind große Teile der Friesischen Uthlande in der Nordsee versunken. Es blieben die Inseln und Halligen. Halligen haben keine hohen Deiche und werden bei Sturmfluten überschwemmt „Land unter". Sie sind wichtig für den Küstenschutz. Die größten Halligen sind Langeneß und Hooge. Die Hallig-Warften müssen wegen Klimawandel höher gebaut werden, wie die Deiche, 2020 war Hooge an der Reihe.

Hansen, Christian Frederik: Um 1830 der bedeutendste Baumeister und Architekt im Königreich Dänemark, geboren in Husum, hat viele schöne Kirchen, Villen und Häuser in Altona, Hamburg und Dänemark gebaut. Für Husum hat er im Auftrag des dänischen Königs die neue Sankt Marienkirche von 1835 errichtet. Und für die reiche Kaufherrenfamilie Reemtsma hat er eine der schönsten Villen an der Palmaille/Elbchaussee gebaut.

Harden: Die friesischen Verwaltungsbezirke von Eiderstedt bis Tondern und die Uthlande: Pellwormharde, die Edomsharde als reichste Harde mit Rungholt, die Beltringharde – teils in den Groten Mandränken 1362 und 1634 untergegangen –, die Süder- und Nordergoesharde mit Husum und Bredstedt. Mehrere Harden waren teils zu dänischen Syssels zusammengelegt. Die Harden waren nach Friesischem Recht „Frieske Lov" oder nach „Jyske Lov", jütischem Recht, organisiert, gehörten zum Königreich Dänemark. Husum z. B. bekam früh das Römische Recht.

Henni Heidtrider: Einer der besten „Steensnitgers" – Steinmetze, hat um 1612 für die Gottorfer Herzöge und deren Witwen das Husumer Schloss mit prächtigen Marmor- und Sandsteinkaminen ausgestattet. Auch das Portal und die Figuren am Torhaus hat er geschaffen – die Göttinnen Hera, Athene und Aphrodite. Dann hat er für die reiche Hansestadt Hamburg das mächtige Dammtor an der Grenze nach Altona erbaut; dort steht heute der Dammtorbahnhof.

Herrenhaus: Großes Backstein-Gotik-Haus von 1431 am Husumer Markt. Im Herrenhaus saßen die Herren, von denen Husum regiert wurde, Bürgermeister und Senatoren. Das Herrenhaus ist Wahrzeichen Husums, ab 1790 Teil einer großen Bierbrauerei, der Herrenhaus-Pils-Bierbrauerei Husum.

Herzöge Adolf und Johann Adolf: Herzöge von Schleswig-Holstein-Gottorf. Herzog Adolf regierte 1544–1586 im Schloss Gottorf und im Schloss vor Husum; war Bruder des dänischen Königs Christian III. Herzog Adolf baute die drei Gottorfer Schlösser in Tönning, Reinbek und Husum. Herzog Adolf diente als junger Adeliger in den Spanischen Niederlanden unter Herzog Alba und in England unter Königin Elisabeth I. Er lernte dort viel über Militär, Deich- und Sielbau, Finanzen, Verwaltung und Militär. Herzog Johann Adolf regierte 1590–1616; das war die beste Zeit für Husum und das Schloss. Er war mit Herzogin Augusta von Dänemark verheiratet, führte das Römische Recht ein statt des dänischen „Jyske Lov", hat die Schützengilde und die Ringreiter gegründet – als Bürgerwehr. Er ließ 1612 das Torhaus zum Schloss und den Schützenhof in der Süderstraße bauen.

Herzogin Augusta und Herzogin Maria Elisabeth: Augusta lebte 1616–1639 als Witwe Herzog Johann Adolfs im Schloss; sie ließ das Schloss und den Barock-Schlosspark schön gestalten. Herzogin Maria Elisabeth lebte auch als Witwe 1659–1684 in Husum, hat ebenso das Schloss in dieser Blütezeit mit Kunst ausstaffiert.

Herzog Friedrich III.: Regierte 1616–1659 als Souverän auf Schloss Gottorf, war verheiratet mit Herzogin Maria Elisabeth. Mit ihm wurde das Herzogtum Gottorf souverän, erwarb Nordstrand und Norder-Dithmarschen dazu, wurde damit noch größer. Ließ 1621 Friedrichstadt gründen und viele niederländische Religionsflüchtlinge ins Herzogtum – Remonstranten, Mennoniten und Katholiken, die für weiteren Wohlstand sorgten. Die Katholiken waren die Hauptgeldgeber bei den Wiedereindeichungen Nordstrands nach der schrecklichen Sturmflut 1634.

Heverstrom: Vor der Rungholtflut 1362 ein Wattenstrom, die Süderhever, die durch die Uthlande als Teil des Wikinger-Friesen-Wasserweges floss. Nach 1362 hat sich die Süderhever tüchtig vergrößert, wurde tiefer und tiefer und fraß sich durch bis Husum. Von der Süderhever hat sich die Norderhever abgespalten und sich durch die große Insel Strand hindurchgefressen, Rungholt ging 1362 unter. Heute ist die Norderhever bis zu 37 Meter tief und bis zehn Kilometer breit.

Holländerei: Vorläufer der Meiereien, wo Kuhmilch zu Butter und Käse verarbeitet wurde. Viele Holländer und Westfriesen kamen vom 16. bis 18. Jahrhundert als Flüchtlinge, Deichbauer, Handwerker, Kaufleute und Fachleute für Butter und Käse nach Nordfriesland – und haben die Holländereien in Gang gebracht. Von

Nordstrand und Eiderstedt wurde in Mengen Käse und Butter exportiert – bis hin nach Westfriesland, Holland, Flandern und sogar nach Frankreich.

Husum: Vor der Rungholtflut 1362 gab es zwei kleine Dörfer Westerhusum und Osterhusum an der Husumer Au. Nach der Rungholtflut 1362 fraß sich der Süderheverstrom bis in die Au-Mündung hinein, das ist heute der Husumer Binnenhafen. Die beiden Dörfer wuchsen zusammen. In 100 Jahren wurde Husum dann der wichtigste Marktplatz an der Westküste, erhielt 1465 Marktrecht, 1527 eine Gelehrtenschule, 1582 ein eigenes Schloss, 1603/1608 Stadtrecht. Heute ist Husum die Kreiststadt vom Kreis Nordfriesland, einem der größten Kreise Deutschlands. Sie ist mit 23 500 Einwohnern größte Stadt mit der höchsten Kaufkraft der Westküste, Mittelzentrum mit einem erstaunlich großen Gewerbegebiet; hat die meisten Museen, den LKN „Landesbetrieb für Küstenschutz, Nationalpark und Meeresschutz" und den Nationalpark Wattenmeer vor der Haustür.

Jordbog: Im „Jordbog" – Erdbuch –, vom König Waldemar II. 1231 auf Lateinisch veranlasst, standen wie in Steuerlisten all die Steuerzahler der Harden; die wichtigsten Steuerzahler waren die Edomsharde mit Rungholt, die Pellwormharde und die Beltringharde als Teil der Uthlande.

Mildstedt: Nachfolger vom versunkenen Mild vor Husum, war Hauptsiedlung der Südergoesharde mit Hauptkirche Sankt Lamberti; Husum wurde erst 1507 mit der Sankt Marienkirche Hauptort der Südergoesharde. Heute ist Mildstedt das größte Dorf bei Husum mit 4000 Einwohnern, ein lebendiger Zuwanderungsort.

Nationalpark Schleswig-Holsteinisches Wattenmeer: Seit 1985 der größte deutsche Nationalpark, Teil des „Wadden Sea UNESCO World Heritage Site" von Esbjerg/DK bis Den Helder/NL und 2009 zum Weltnaturerbe erhoben, wie der Grand Canyon oder das Great-Barrier-Riff vor Australien. Der nordfriesische Anteil wird verwaltet vom LKN – Landesbetrieb für Küstenschutz, Nationalpark und Meeresschutz SH in Husum. Dafür gibt es das Nationalparkamt – Landesamt für den Nationalpark SH (Schleswig-Holstein) in Tönning. Um den Nationalpark und den Naturschutz kümmert sich vorbildlich die Schutzstation Wattenmeer mit vielen Stationen in Nordfriesland; Hauptsitz ist im Nationalparkhaus Husum, welches betrieben wird von der Nationalpark Service GmbH, WWF Deutschland, BUND, Verein JORDSAND und dem Weltladen Husum.

Der Große **Nordische Krieg:** Von 1700–1721; das Herzogtum Gottorf hatte sich gegen Dänemark mit Schweden zusammengetan. Es verlor diesen Krieg auch deswegen, weil im Herzogtum Intrigen und Streitereien ein gutes Regieren erschwerten – der Herzog war ein Kind, wurde von mehreren Personen vertreten. Damit war es aus mit der Souveränität. Der dänische König übernahm wieder die Macht und holte sich das Schloss vor Husum zurück, ließ die große Kunstsammlung verkaufen oder nach Kopenhagen bringen, das Schloss leer stehen, es verfiel. 1749–1752 wurde dann das Schloss renoviert und zurückgebaut, man sagt „barockisiert", und sogar bis 1792 sämtlicher Türme beraubt.

Nordstrander Landrecht von 1572: War ein System von Rechtsvorschriften für Deich- und Sielbau, für die Wasserlösung, also Fragen der Entwässerung mittels Gräben und Siele, und für alles, was mit Deichen und Kögen zu tun hatte, auch Vorschriften für Landbesitzer, die Ernennung von Deichgrafen, Bevollmächtigten und Oberdeichgraf. Man lese die Novelle „Der Schimmelreiter" von Theodor Storm, 1888. Hauke Haien ist Deichgraf, nach ihm ist sogar ein Koog benannt. Jeder an unserer Küste kennt: „Wer nich will dieken, mutt wieken". Meist so steht das auch seit dem 15. Jahrhundert im Spadelandsrecht der Elbmarschen und Wilstermarsch.

Oldenburg – die Oldenburger: Eine Herrscherdynastie aus dem Herzogtum Oldenburg; stellte ab 1460 die Könige in Dänemark – bis heute; die heutige Königin Margarethe kommt aus dem Zweig Schleswig-Holstein-Sonderburg-Glücksburg. Die Schleswig-Holstein-Gottorfer gehören dazu. Unter den Oldenburgern wurde das Dänische Reich in der Reformation 1527 erstes evangelisch-lutherisches Großreich Europas. Die Oldenburger waren eine mächtige Dynastie, haben in Dänemark, Norwegen, Schleswig-Holstein und als „Romanow-Holstein-Gottorper" in Russland regiert, als Gottorfer auch im 19. Jahrhundert in Schweden. Verwandte sind die englische Königin und Prince Philip, der 2021 starb.

Ochsenweg (Heerweg) – dänisch **„Hærvejen"**: Alter dänischer Königsweg, Handelsweg, aus dem Norden von Jütland hinunter durch Schleswig-Holstein, Hamburg, Niedersachsen bis in die Niederlande. Ein Netz von rund 200 Zollstellen spülte dem König und Herzog viele Rigsdaler in die Taschen, das Umgehen von Zollstellen wurde hart bestraft. Der Haupt-Ochsenweg lief von Randers/Viborg nach Süden über Flensburg, Schleswig/Gottorf, Rendsburg, Wedel und weiter; der westliche Zweig des Ochsenwegs vom Limfjord, Randers, Ribe, Tondern, Leck, Husum, Itzhoe, Wedel und Hamburg-Ochsenzoll weiter nach Süden. Wedel hatte bis 1837 den wichtigsten Ochsenmarkt. Rindermast war 600 Jahre der wichtigste Wirtschaftszweig Nordwesteuropas; Dänemark war Lieferant für Magervieh. Das wurde auf großen Viehmärkten, wie in Husum oder Wedel, gehandelt und auf den fetten Marschweiden „fett gegräst". Im Herbst wurde das Fettvieh auf die Märkte getrieben und als Fettochsen vermarktet.

Ribe (dt. Ripen)**:** Älteste dänische Stadt, schon im Mittelalter Königsstadt, hatte Zollfreiheit, hatte den größten Salzmarkt der Küste, größer als der Rungholter, hatte ab 1621 das Monopol für Salzhandel mit Friesensalz, hat die größte Domkirche an der Nordsee. Wegen der langen Verbindungen mit Flandern hat Ribe prächtige Renaissance-Backstein-Bauten. War die wichtigste dänische Hafenstadt an der Nordsee, die aber im Lauf der Zeiten dichtgeschlickt wurde, wie der Husumer alte Hafen. In Ribe wurde 1460 das Privileg von Ripen beschlossen zwischen dem dänischen König Christian I. und Schleswig-Holstein, demzufolge Schleswig und Holstein „bliven ewich tosamende ungedelt".

Remonstranten: Religiöse Minderheit aus den Niederlanden, sie kamen als Religionsflüchtlinge im 17. Jahrhundert nach Nordfriesland und haben 1618 die calvinistische Prädestinationslehre des Religionsgründers Calvin abgelehnt. Die besagt, dass für uns Menschen das Gute und Böse vorherbestimmt/prädestiniert seien. Viele Remonstanten – sie haben remonstriert/protestiert – kamen 1621 mit Erlaubnis des Herzogs nach Friedrichstadt, haben die Stadt maßgeblich mit aufgebaut. Sie haben in ihren Familienwappen einen Engelskopf und hatten von Anfang an ihre Remonstrantenkirche, die einzige in Deutschland und Österreich.

Römisch-Katholische Altkatholiken, die seit dem 16./17. Jahrhundert wegen Konflikten mit Rom aus den Niederlanden flüchten mussten. Sie haben zuletzt 1871 endgültig mit dem Papst gebrochen: Der Papst könne nicht wie der liebe Gott unfehlbar –

sakrosankt – sein. Sie kamen aus Brabant und Flandern oder anderen niederländischen Provinzen nach Nordstrand und haben 1654 die neuen Deiche als Geldgeber mitfinanziert – sie wurden damit vertraglich mit einem „Oktroi" zu Partizipanten, Teilhabern. Auf Nordstrand steht ein Denkmal für Brabanter Flüchtlinge bei der Altkatholischen Kirche, dem altkatholischen D.O.M. – Deo Optimo Maximo – von 1662. Auf Nordstrand leben rund 45 Altkatholiken; deren Bischof sitzt in Bonn, ihr Erzbischof in Utrecht. Sie lehnen den Zölibat ab, erlauben Frauen-Ordination und Abendmahl zusammen mit Protestanten.

Schloss vor Husum: Eines der vier Gottorfer Schlösser. Das Hauptschloss Gottorf steht seit dem Mittelalter in Schleswig, Herzog Adolf baute drei neue Schlösser in Tönning, Husum und Reinbek bei Hamburg. Das Schloss vor Husum wurde 1582 fertig, von den Herzoginwitwen Augusta und Maria Elisabeth reichlich mit Kunst und Kaminen ausstaffiert und hatte die beste Zeit 1586–1684. Das Schloss hatte ausgedient 1721 nach dem Nordischen Krieg, fiel zurück an den dänischen König, der ließ es verfallen, die Kunstsammlung veräußern oder nach Kopenhagen schaffen. Um 1750 wurde das Schloss aufwändig umgebaut in die heutige Bauweise. 1792 wurde der letzte große Mittelturm abgerissen und als einziger 1984 wieder aufgebaut. Das Schloss wird ständig renoviert, ist Museum, Schlossdenkmal, Eigentum des Kreises Nordfriesland und der Kulturstiftung Nordfriesland.

Schwabstedt – ein früherer Bischofssitz mit Schloss, das 1705 abgerissen wurde, liegt in landschaftlich reizvoller Gegend an der Treene, 17 km südöstlich von Husum. Gehörte lange Zeit zum Amt Husum (Theodor Storm war 1864–1867 Landvogt). Es ist umgeben von schönen Hügeln und Wald am Glockenberg, hat die ansehnliche alte Friesen-Feldsteinkirke St. Jacobi von etwa 1165 mit einem Altar aus dem Kreis um Riemenschneider. Das Triptychon-Altarbild stand bis 1807 in der alten Husumer Marienkirche. Schwabstedt ist von alters her beliebter Ausflugsort für Husumer und andere, hat seit Jahrhunderten den Pfingst-Jahrmarkt, beliebt für Tanz in den Mai, Maiglöckchenpflücken oder Bootsfahrten auf der Treene.

Stapelrecht: Das Recht für Kaufleute oder Handelsschiffe, ihre Waren an bestimmten Plätzen auszuladen und zum Kauf anzubieten. Amsterdamer und niederländische Kaufleute erhielten 1461 vom dänischen König Christian I. das Recht, mit ihren Schiffen an Husums Schiffbrücke anzulegen und Waren auszuladen, bevor diese nach Flensburg über Land weitertransportiert wurden. Stapelholm, Stockholm, Flensborg Holm, Schleswig Holm erinnern daran.

Storm, Theodor: Geboren 1817 in Husum, die Mutter war Lucie Woldsen aus angesehener Husumer Familie, der Vater Storm tüchtiger Advokat in Husum, aus einer Bauern- und Müllerfamilie bei Rendsburg. Storm besuchte in Husum die Gelehrtenschule, in Lübeck Gymnasien, studierte Jura. Ab 1843 Rechtsanwalt in Husum, verheiratet mit Constanze, geb. Woldsen, die starb 1865. Seine zweite Frau wurde Dorothea, geb. Jensen. Insgesamt hatte er acht Kinder. Er bekam Streit mit den Dänen, verlor in Husum seine Rechtsanwalts-Approbation, musste 1853–1864 ins Exil in Potsdam und Heiligenstadt; nach dem Krieg gegen die Dänen 1864 wurde er in Husum Landvogt, ab 1868 Amtsrichter im Schloss. Ab 1880 als Pensionär in Hademarschen, starb 1888, beerdigt in Husum im Familiengrab der Woldsen/Storms auf dem St.-Jürgen-Friedhof. Gilt als herausragender Dichter der Epoche des Realismus; übersetzt in 80 Sprachen, an die 240 Gedichte, („Die Stadt", „Meeresstrand", „Oktoberlied", „Abseits"), über 40 Novellen („Der

Schimmelreiter", „Aquis submersus", „Immensee"). Freundschaft mit Th. Fontane, Th. Mommsen, K. Groth, P. Heyse, G. Keller.

Tönnies, Ferdinand: Geboren 1855 bei Oldenswort, entstammt einer angesehenen Eiderstedter Bauernfamilie und ist vom gleichen Jahrgang wie Ludwig Nissen und Adolf Brütt. Begründer der Soziologie, wohnte zuerst im Kavaliershaus beim Schloss, ein Freund Theodor Storms und dessen Söhnen. Wurde von der NSDAP angefeindet, die Nazis strichen ihm die Pension. 1936 als Professor in Kiel gestorben, in Oldenswort beerdigt. Husum hat ihm beim Kavaliershaus ein Denkmal gesetzt; dort ist er als Kind aufgewachsen.

Tönning: Hatte vor Husum Stadtrecht, Hauptstadt Eiderstedts, dort stand eines von vier Gottorfer Schlössern – das wurde 1735 geschleift. Tönning hat die große St.-Laurentius-Kirche am Markt; die Tönninger Kirche und die Husumer alte Marienkirche hatten die höchsten Kirchtürme. Tönning besitzt ein mächtiges Packhaus am historischen Hafen aus der Zeit des Eiderkanals, eines früheren Kanals zwischen Kiel und Tönning. Zwischen 1844 und 1888 war Tönning der wichtigste Vieh-Exporthafen Deutschlands. Von dort wurden eine Million Ochsen und eine Million Schafe nach England verschifft. Tönning hat das Nationalparkamt – Landesamt für den Nationalpark SH Wattenmeer; Tönning hat auch das Nationalparkzentrum Multimar Wattforum, mit der größten Ausstellung zur Flora & Fauna im Nationalpark Wattenmeer.

Uthlande, Friesische: Das waren im Mittelalter die vorgelagerten Landstriche, Marschen, Moor- und Geestinseln vorm Festland: Pellwormharde, Edomsharde, Beltringharde, Lundenbergharde u. a. – teils in den Groten Mandränken 1362 und 1634 untergegangen. Zeitweise waren es die reichsten Provinzen des

Königreichs Dänemark und im Mittelalter steuerpflichtiger Besitz des dänischen Königs.

Vereinigte Ostindische Handelskompanie VOC: niederländische, mächtige Kompanie für den Ostindien-Handel, heute Indonesien, Sri Lanka und die Inselwelt. 1795 übernahm der Staat die kaufmännisch geführte VOC. Westfriesland hatte 200 Jahre bis zur Napoleonzeit das VOC-Monopol, wurde reich mit Gewürzhandel, Sklaverei und Kolonialwaren – auch die Familie Reemtsma gehörte dazu.

Viehmarkt, Viehhandel, Ochsenhandel in Husum: Husum hatte am westlichen Ochsenweg den wichtigsten Viehmarkt – vor dem Ersten Weltkrieg den größten in Deutschland. Hier wurden zum Frühjahr und Herbst bis zu 100.000 Stück Vieh vermarktet. Von Jütland wurden vom 15.–19. Jh. Hunderttausende dänische Ochsen und Viehzeug nach Süden getrieben, auf den Viehmärkten im Frühjahr verkauft, dann auf den fetten Marschweiden „fett gegräst". Im Herbst wurden die Rinder dann als Fettochsen wieder auf den Herbstviehmärkten verkauft und teils bis nach Lübeck, Hamburg, Westfriesland, Holland getrieben – mit großem Gewinn für die Fettgräser. Mit dem Bau der Eisenbahnen waren die Zeiten der Ochsentriften und Ochsenwege vorbei. Dann lief der Handel mit Dampfschiffen von Tönning bis England, bis 1888 England den Viehhandel stoppte, und ab 1854 per Eisenbahn von Husum über Hamburg ins Rheinland, Süddeutschland, Basel.

Walfang: Ein wichtiger Wirtschaftszweig zwischen 1650 und 1800 an der Nordsee und am Nordmeer um Grönland und Spitzbergen. Tüchtige Walfänger kamen aus Westfriesland, Holland, Nordfriesland – von Sylt, Föhr, Amrum. Um 1800 verlagerte sich der Walfang nach Nordamerikas Nordostküste nördlich Boston, Nova Scotia. Im

Schifffahrtsmuseum Nordfriesland sind ansehnliche Sammlungen zu Walfang, Robbenschlag, Grönland- und Spitzbergenfahrt.

Westfriesland: Provinz der Niederlande, ab 16. Jh. reichste Provinz, beherrschte bis 1800 den Ostindienhandel, war der wichtigste Handelspartner Nordfrieslands. Im 16. Jh. waren Amsterdam, Enkhuizen, Hoorn (und Emden in Ostfriesland) Husums wichtigste Handelsstädte für Vieh, Korn, Malz, Stoffe. Heute bietet Westfriesland in den Niederlanden der friesischen Sprache die meisten Rechte, die ist zweite Landessprache.

Wikinger-Friesen-Wasserweg: Historischer Wasserweg zwischen Nord- und Ostsee, von der Nordsee vor Eiderstedt durch die Friesischen Uthlande, Treene und Eider an Schwabstedt vorbei bis Hollingstedt. Von dort nach Schleswig, in die Schlei und Ostsee. Der Wasserweg war Vorläufer vom Eiderkanal und vom heutigen Nord-ostseekanal. Der Eiderkanal hieß Schleswig-Holsteinischer Kanal, gebaut von Dänen 1777–1784 zwischen Kiel und Tönning; technische Bestleistung mit Schleusen und gewaltigen Packhäusern in Kiel, Rendsburg und Tönning.

68 *Schifffahrtsmuseum Nordfriesland. Namen versunkener Schiffe*

69 Sandsteinsarg eines versunkenen Friedhofs, genutzt als Viehtränke

Literaturverzeichnis:

Abkürzungen: Husum Druck und Verlag = HDV; Wachholtz Verlag = WV; Boyens Verlag = BV; Nordfriisk Instituut = NFI ; ND = Nachdruck; Herausgeber = Hrsg.

1. K.-J. Lorenzen-Schmidt, O. Pele (Hrsg.), Schleswig-Holstein-Lexikon. Neumünster 2000 (WV);
2. Gesellschaft für Husumer Stadtgeschichte (Hrsg.), Geschichte Husums. Husum 2003 (HDV);
3. Nordfriisk Instituut in Zusammenarbeit m. Stiftung Nordfriesland (Hrsg.), Autoren Bantelmann, Kuschert, Panten, Steensen, Geschichte Nordfrieslands. Heide 1995 (BV);
4. D. Meier, H. J. Kühn, G. J. Borger, Der Küstenatlas. Heide 2013 (BV);
5. M. A. Heimreich, Nordfriesische Chronik, 2. Auflage 1668, Neuausgabe von N. Falck in zwei Bänden. Tondern 1819. Unveränderter ND, Leer 1982 (Schuster);
6. H. Wiese, J. Bölts, Rinderhandel und Rinderhaltung im nordwesteuropäischen Küstengebiet vom 15. bis zum 19. Jahrhundert. Stuttgart 1966 (G. Fischer);
7. A. Jürgens, Zur Schleswig-Holsteinischen Handelsgeschichte des 16. und 17. Jahrhunderts. In: D. Schäfer (Hrsg.), Abhand-

lungen zur Verkehrs- und Seegeschichte – Im Auftrage des Hansischen Geschichtsvereins, Band VIII., Berlin 1914 (Curtius Verlag);
8. F. Pingel, Th. Steensen (Hrsg.), Friesischer Handel im Friesischen Meer. Beiträge vom 6. Historikertreffen des Nordfriisk Instituut. Bredstedt 2008 (NFI);
9. J. P. Rachau, Der Rinder- und Ochsenhandel an der westlichen Nordseeküste im 18. und 19. Jahrhundert. Husum 2011 (HDV);
10. U. Iben, Der Husumer Hafen. Schriftenreihe des Nordfriesischen Schiffahrtsmuseums, Husum, Band 5. Husum 2004 (HDV);
11. K.-H. Meyer, Der Husumer Viehmarkt. Husum 1994 (HDV);
12. Dr. A. Geerkens (Bearb.), Die Schleswig-Holsteinische Bank und ihr Arbeitsfeld im Lichte geschichtlicher Entwicklung. Festschrift zum 50jährigen Bestehen der Bank. Husum 1927, 2. Aufl. (Selbstverlag der SH-Bank);
13. Landesamt für Denkmalspflege Schleswig-Holstein (Hrsg.): Th. Möller, Stadtbilder Schleswig-Holstein. Fotografien 1900–1950. Neumünster 2013 (WV);
14. U. Lange (Hrsg.), Geschichte Schleswig-Holsteins von den Anfängen bis zur Gegenwart. Neumünster 1996 (WV);
15. Gesellschaft für Husumer Stadtgeschichte (Hrsg.), Jahreshefte – Beiträge zur Husumer Stadtgeschichte, ab Heft 1 1988 bis heute. Husum (HDV);
16. Danckwerth D. C., Die Landkarten von Joh. Mejer, Husum: Neue Landesbeschreibung ...1652. ND 1963. Hamburg 1963 (Verlag Heinevetter);
17. K. D. Sievers, Ländliche Wohnkultur in Schleswig-Holstein. Heide 2001 (BV);
18. Th. Steensen (Hrsg.), Das große Nordfriesland-Buch. Hamburg 2000 (Ellert & Richter).
19. H. Borzikowski, Husum in alten Bildern. Heide 1993 (BV)

20. J. P. Trap, Topografisk og Historisk Beskrivelse af Hertugdömmet Slesvig, Köbenhavn 1864, ND 1993.
21. V. Langhans, Über den Ursprung der Nordfriesen, Wien 1879, Reprint 2011 Paderborn (Europäischer Geschichtsverlag).
22. Brandt/Klüver, Geschichte Schleswig-Holsteins. Kiel 1966 (Mühlau Verlag).
23. Chr. U. Beccau, Geschichte Husums bis zur Ertheilung des Stadtrechts nebst der Stadtverfassung von Husum. Unveränderter Nachdruck von 1840 und 1854. Hrsg. in Verbindung mit Nordfriisk Instituut Bredstedt. Sankt Peter Ording 1988 (Lühr und Dircks)

Abbildungnachweis

Abb. 1 Postkarte; Nordfriesland 1240 und 1651 historisch

Abb. 2 Friesische Siedlungsgebiete; Temmo Bosse, wikipedia.org, CC-BY-SA-3.0, Friesisches Seminar, Europa Universität Flensburg, frei zugängliche Grafik

Abb. 3 Friesisches Sprachgebiet; Onno Gabriel, CC-BY-3.0 Http://creativecommons.org/licenses by/3.0 wikimedia commons

Abb. 4 Uthlande, Wikinger-Friesen-Wasserwege; Danckwerth/Mejer 1652 ND

Abb. 5 Dannewerk, Waldemarsmauer; Danckwerth/Mejer 1652, ND

Abb. 6 Albert Bantelmann, Forschungsergebnisse der Marschenarchäologie ... In: Die Küste Jg. 8/1960, S. 45–65; Archiv für Forschung und Technik an der Nordsee; S. 47. Heide (Boyens)

Abb. 7 Husum um 1600; Danckwerth/Mejer 1652, ND

Abb. 8 Kavaliershaus beim Schloss vor Husum – Privatfoto

Abb. 9 Altes Seegericht Husum, Westerende – Privatfoto

Abb. 10 Wasserreihe – Privatfoto

Ausflugtipps rund um Husum mit Fahrrad oder Auto:

Ausflug 1

20 km: Husum bis Ostenfelder Landstraße – nach 2 km am Mildstedter Ortsausgang sind die Mildstedter Tannen mit dem Naherholungsgebiet Husumer Mühlenau – man kann stundenlang durch Wald und Wiesen entlang der Mühlenau spazieren. Wenn man 5 km weiterfährt, ist man in Ostenfeld, macht Pause, sieht sich in der friesischen Feldsteinkirche die wunderbare, einmalige Boye-Lorenzen-Orgel an. Wer noch Lust hat, kurz weiterfahren Richtung Schwabstedt: Am Ortsausgang von Ostenfeld liegt der große Staatsforst – mit langen Spazierwegen.

Ausflug 2

30 km: Von Husum über Mildstedt mit der alten St. Lambertikirche, friesische Feld- und Backsteinkirche, nach Rantrum, Oldersbek und Winnert bis Schwabstedt an der Treene: Kurz vor Schwabstedt hat man von einer Anhöhe eine herrliche Aussicht über die Treenelandschaft bis Stapelholm mit dem Silberband der Treene. 1 km den Berg hinunter in Schwabstedt kann man an der Treene spazieren, sich das Treenehaus mit einem Heimatmuseum angucken, auf den Glockenturm steigen, ein historisches Hünengrab, und dir die friesische Feldsteinkirche St. Jacobi mit einem berühmten Triptychon über dem Altar aus dem Kreis um Riemenschneider ansehen, die holzgeschnitzte Kanzel und die Taufe mit plattdeutschen Inschriften bewundern. Schwabstedt ist immer ein beliebtes Ausflugsziel, auch der Glockenberg – wunderbare Aussicht – oder der Lehmsieker Wald. Dort wandern oder weiter ins Naturschutzgebiet „Wildes Moor"?

Ausflug 3

20 km: Husum – Witzwort (12 km). 2 km vor Witzwort ragt der historische „Rote Haubarg" mit gewaltigem Reetdach auf, man

wird staunen. Mit Restaurant, Café und Haubarg-Museum unter dem Ständerwerk aus Eichenbalken. Man lese die Sage vom „Roten Haubarg"! Noch 2 km bis Witzwort mit einer Kirche auf hoher Kirchwarft. Nach weiteren 5 km ist man in Uelvesbüll, dort fährt man über den „Porrendeich" mit kleinen Reetdachkaten und ist dann am Nordseedeich, nun über den Deich ins weite Vorland und man hat weite Ausblicke bis Nordstrand.

Ausflug 4
20 km: Husum – B 5 nach Friedrichstadt, „Holländerstadt" von 1621 – mit holländischer Architektur und Bürgerhäusern, fein anzusehen. Man kann eine Grachtenfahrt im Grachtenboot mitmachen, dauert eine gute Stunde, da wird viel erzählt über Friedrichstadt und seine Historie. Man kann eine Stadtführung mitmachen, die Kirchen oder die ehemalige Synagoge (Gedenkstätte) besuchen und jüdische Friedhöfe, man kann an den Grachten und in der Altstadt spazieren. **Tipp:** Das alte Storchendorf Bergenhusen in der „Eider-Treene-Sorge-Region" ist nur 15 km entfernt.

Ausflug 5
25 km: 5 km nach Schobüll – Nordsee ohne Deich. Vielleicht zuerst zum Wasser über die Seebrücke gehen und hinüber nach Nordstrand sehen. Oder man geht hinein in das „Kirchlein am Meer" – sehenswert. Dann den Schobüller Berg hoch – noch bessere Nordseesicht. Von dort 4 km bis Hattstedt, zuerst sieht man den mächtigen Turm der St. Marienkirche. Dort schreitet man durch den alten Schlegel auf den Kirchhof, von Th. Storm in der Novelle „Der Schimmelreiter" beschrieben – mit Grabsteinen zur Novelle, so der Stein des bekannten Deichgrafen Jes Iwersen-Schmidt, den Storm als Vorbild für Hauke Haien gewählt hat. Die Kirche von 1200 ist eine friesische Feldsteinkirche mit einem kantigen Turm aus Granitquadern. Dann weiter

nach Wobbenbüll, in die Hattstedter Marsch zur Arlau-Schleuse. Beste Sicht über den Beltringharder Koog, Teil des Nationalparks. Man kann dort spazieren. Auf dem Deich hat man beste Sicht über den Hattstedter Koog – Vorbildkoog für Storms Schimmelreiter-Novelle.

70 *Husum – und rundum*

Zum Schluss

Besten Dank sagen will ich zuerst der Stiftung „Mien Moderspraak" und der „Kulturstiftung Nordfriesland", die dieses Buch in der ersten Ausgabe mit einem Zuschuss bedacht haben. Der SHHB, das Niederdeutsch-Zentrum in Leck, die TSMH Husum und die Stadt Husum freuten sich, dass dieses Buch als „Husum op Plattdüütsch" im Dezember 2020 erschienen ist – und nun vorsichtig redigiert auf Hochdeutsch vorliegt. Ich möchte unseren Archiven in Husum, Friedrichstadt, und Schleswig danken, aus denen ich Schätze an Geschichtshinweisen gefunden habe. Dabei habe ich z. B. von Frau Dioum in Schleswig, Frau Thomsen in Friedrichstadt, Frau Ueck und Frau Keller in Husum und in unseren vielen Museen in den letzten Jahren viel gelernt und erfahren. Im Zuge der Corona-Einschränkungen konnte ich auf meinen privaten Literaturapparat zugreifen, den ich über Jahrzehnte für Beruf und Neigung aufgebaut habe. Und allen Menschen habe ich zu danken, von denen ich lernen durfte, dass unsere Geschichte auch ein wunderbar spannendes Buch, fast eine „unendliche Geschichte" für das Leben ist. Und dass unsere Natur und Landschaft vielleicht das schönste Buch ist, nur, es zu verstehen, braucht eine Menge Zeit. Und das schwerste Buch ist der Mensch selbst, über den wir in der Geschichte Husums zu berichten hatten oder dessen Handeln wir gar beurteilen sollten. Mit dem Buch „Der Mensch an sich und in Nordfriesland" bin ich immer noch nicht fertig. Von allen dreien, Mensch, Geschichte und Natur, kann man immer noch dazulernen – wenn man will.

Und nun als Schlussbild eine Erinnerung an unsere enge Verflechtung von Schleswig-Holstein und Dänemark, oft zum Wohle aller, aber auch verbunden mit Krieg und Streit. Hoffen wir auf weitere enge Bande zwischen Nordfriesland, Husum und unseren Nachbarn, besonders zu Dänemark, mit dem wir in Symbiose über

Jahrhunderte zusammen lebten – bis Dänemark sein Herzogtum Schleswig unter Schmerzen, Leid und Trauer 1864 an Deutschland verloren hat. Abb. 71 zeigt das Mahnmal, dahinter – mit Symbolkraft – einen Baumstumpf, auf dem Husumer Westfriedhof für die dänischen Soldaten, die nach dem dänischen Sieg im Juli 1850 in der Schlacht bei Idstedt bei der späteren sinnlosen Beschießung Friedrichstadts am 4. Oktober 1850 durch Schleswig-Holsteinische Artillerie ihre oft jungen Leben ließen. Warum ... über Gräbern weht der Wind ...

71 *Ehrenmal dänischer Gefallener auf dem Husumer Westfriedhof*